WHITE BIRD

Indien par le sang,
Américain par la loi.
L'itinéraire
d'un jeune Sioux
d'aujourd'hui

6

WHITE BIRD

Indien par le sang,
Américain par la loi.
L'itinéraire
d'un jeune Sioux
d'aujourd'hui

Texte recueilli et traduit
par Alix de Montal et Bruno Poniatowski

BALLAND

33, rue Saint-André-des-Arts, 75006 Paris

Avant-propos

Le récit de White Bird est issu d'une série d'enregistrements en américain, réalisée sur une période s'échelonnant de janvier à septembre 1988. Nous avons choisi dans la traduction et la mise en forme du texte, de respecter à la fois la simplicité du langage oral et le déroulement chronologique des événements qui ont marqué sa vie, tels qu'il les a relatés. Nous avons également, dans la mesure du possible, gardé le ton d'extrême liberté avec laquelle s'enchaînaient – sur le mode plutôt informel de l'association d'idées – ses souvenirs et ses réflexions. Ainsi, le texte est volontairement très peu « écrit ».

A l'époque où ont été commencés ces enregistrements en vue d'en faire un livre, White Bird vivait en France depuis trois ans. A plusieurs reprises il s'était rendu en Suisse et en Allemagne pour participer à des « western-shows » et à des séminaires, afin de présenter et d'expliquer les traditions du peuple lakota. Jamais cependant, durant ces années passées hors de chez lui, il n'a rompu avec sa famille ni avec ses racines, puisqu'il est retourné plusieurs fois sur les réserves de Rosebud et de Pine Ridge.

A plus d'un titre ce témoignage est exemplaire. Au-delà de l'histoire personnelle de White Bird, il rend compte d'une manière très aiguë du décalage qui a toujours existé entre la façon indienne de vivre et de penser et la « civilisation » des Blancs, ainsi que de la difficulté pour un Indien d'aujourd'hui de préserver sa tradition tout en se préparant au monde moderne. Les ouvrages sur les Indiens se rangent habituellement en deux catégories (exception faite des livres historiques). D'un côté, il y a les récits autobiographiques; c'est le cas des livres de Bull-Lodge, Elan Noir, Ishi, Talayesva, etc., qui ont senti – dans l'entre-deux-guerres et jusque dans les années soixante – que leur culture et son mode de diffusion oral était menacé de disparition et ont éprouvé le besoin de s'exprimer. L'autre type est ce qu'on pourrait appeler une littérature technique se rapportant à des rites précis, au symbolisme, aux cérémonies et au chamanisme en général, qui marque un regain d'intérêt pour la tradition indienne. White Bird, quant à lui, a bénéficié à la fois d'une éducation traditionnelle auprès de ses grands-pères et, par sa scolarisation et les voyages qu'il a été amené à effectuer, d'une ouverture sur le système américain et le monde extérieur. Il symbolise ainsi toute une génération qui jusqu'ici ne s'était jamais exprimée et qui cherche son idendité à travers les contradictions induites non seulement par la confrontation de deux mondes, mais aussi par le fossé entre deux époques, celle de ses grands-parents et celle des Indiens de demain.

Chapitre 1

« Loaci, j'ai faim. »

Ma vie a basculé le jour où je suis allé à l'école. Jamais jusque-là je n'avais vu de près un homme blanc, et je ne parlais pas un mot d'américain. Mes grands-parents m'avaient complètement soustrait à cet aspect de la réalité pour me préserver dans la tradition et le mode de vie indien. Mais le gouvernement, ayant voté quelques années plus tôt un décret obligeant tout enfant indien âgé de six ans à recevoir l'« éducation américaine normale », mes grands-parents furent bien obligés de me laisser partir. C'est donc à cinq ans et demi que je fis mon entrée dans le monde moderne, la société américaine.

Ma première école fut le pensionnat de Saint-Francis, dans la réserve de Rosebud [1]. Avant cela, j'avais toujours partagé mon temps entre mes grands-parents Lame Deer et mes grands-parents Black Elk près de Saint-Francis. J'allais connaître plus tard l'école de Mission, une ville voisine, où je pouvais

1. Dakota du Sud. Voir carte chapitre suivant.

rentrer chez moi tous les soirs, tandis qu'à Saint-Francis, les deux premières années, j'étais pensionnaire neuf mois d'affilée. Au début, nous portions des uniformes, qui furent supprimés deux ou trois ans après mon arrivée. L'école était dirigée par des catholiques dont l'objectif principal était de nous christianiser. Heureusement, je bénéficiais des trois mois de vacances d'été pour vivre à nouveau dans ma famille et continuer d'apprendre ce que je devais savoir.

Jamais je n'oublierai mes premiers jours ni ma première année d'école. La manière dont ils m'ont brutalement intégré reste un des plus douloureux souvenirs de ma jeunesse.

J'entends encore la religieuse entrant dans la classe le jour de la rentrée, s'adresser à moi en américain. Je ne comprenais rien à cette langue, je ne *pouvais* pas comprendre ces mots. Malgré tous mes efforts pour lui répondre, je restai muet. Elle m'interrogea à nouveau, et je lus la colère sur son visage : quand les sourcils se rejoignent pour creuser une ride au milieu du front, et que le regard se durcit, c'est que quelque chose ne va pas. Je dis en lakota :

« *Wasichu oglaka owakishne* » (Je ne sais pas parler la langue des Blancs).

C'est à ce moment-là qu'elle perdit son sang-froid et toute l'indulgence qu'elle était censée représenter en tant que nonne. Elle redevint une femme, très agressive. Elle me saisit par le lobe de l'oreille, qu'elle pinça en le tournant si violemment que j'entends encore le craquement dans mes tympans.

Comme j'avais mal d'être soulevé ainsi, je me levai. Alors, me tirant toujours par l'oreille, elle m'entraîna hors de la classe et claqua la porte derrière nous.

Ce qui l'avait rendue folle c'est que, quand j'avais dit « *wasichu oglaka owakishne* », tous les élèves s'étaient mis à rire, car ils savaient qu'elle ne comprenait pas le lakota.

Derrière la porte, elle plongea le bras dans sa grande robe noire et en sortit une règle en bois. Elle me tapa une première fois sur la main en articulant des mots qui voulaient probablement dire : « ne parle plus lakota, c'est une mauvaise langue, ce n'est pas bien », et elle tapa une seconde fois, tout en continuant à proférer des sons. J'avais envie de crier, mais à cause de la grosse boule que j'avais dans la gorge, je laissai venir mes larmes et pleurai en silence. Je ne comprenais pas pourquoi cette sainte femme me tapait si fort avec une règle.

Cet épisode fut ma première confrontation avec le monde blanc, et je sentis confusément que beaucoup de choses allaient changer pour moi. Mais ce n'est que bien plus tard que j'ai réalisé à quel point l'éducation et l'organisation de la vie sur la réserve nous avaient peu à peu éloignés de notre culture. L'enseignement que nous recevions n'avait pas seulement pour but de nous apprendre à lire, à compter et à parler en américain : indirectement, et peut-être même sans volonté préconçue pour certains, tout était fait pour nous couper de nos racines et nous apprendre à penser en noir et blanc.

Aujourd'hui, les livres, les journaux et même la radio locale sont diffusés en américain. La colonisation a été telle que la majorité d'entre nous – y compris ceux qui sont 100 % indiens – ne connaissent pas leur propre langue. Pourtant, depuis quelques années, on assiste à un courant inverse qui fait que l'on recommence à parler le lakota. Mais il est enseigné le plus souvent par des professeurs blancs et dans des livres, alors qu'il n'a jamais été une langue écrite.

D'ailleurs, sur la question de la communication entre les Blancs et nous, il y a toujours eu de gros malentendus. Dans ma famille, nous avions pris le parti d'en rire, en racontant des histoires dont le sens était parfois bien plus profond que celui de la simple anecdote.

Je pense à celle de ce tout premier missionnaire venu nous évangéliser et qui, le jour de son arrivée, rassembla autour de lui les gens du village. Au milieu du plus grand silence, il ouvrit sa Bible et commença à lire des versets. Personne ne comprenait de quoi il s'agissait, mais chacun était très attentif et respectueux car le traducteur avait dit que c'était un saint homme. A la fin de son prêche, le père fit un signe de croix et resta quelques instants en prière, les yeux fermés. Quand il releva la tête, il n'y avait plus personne, la place était déserte. Surpris, il se tourna vers le traducteur qui le regardait d'un air amusé, et lui demanda :

« Hé ! Mais rappelez-les ! Ce n'est pas fini ! Où sont-ils partis ?

– C'est qu'en dessinant votre grande croix, vous venez de leur dire de démonter leur tipi et de lever le camp... Le langage des signes, voyez-vous. »

Cette histoire ne trahit pas seulement la difficulté de communiquer, mais aussi le choc de deux cultures, de deux mentalités divergentes. D'où cette attitude de méfiance naturelle : le fait même que les prêtres soient vêtus de noir a toujours été pour nous un sujet d'interrogation.

C'est la même méfiance mêlée d'ironie qui nous a fait appeler les hommes blancs *wasichu, wasi* signifiant « graisse », et *ichu* « prendre, voler ». A l'époque où, à cause du train, les Blancs sont arrivés massivement dans les plaines, ils se sont mis à tuer les bisons par milliers. Le bison était alors notre moyen de subsistance principal, notre nourriture de base. Non seulement cela, mais nous employions sa peau pour la confection des vêtements, des couvertures et des tipis, ses os pour divers instruments (alènes, sifflets, outils), pour les armes et les parures, les tendons pour la couture. Tout l'animal était utilisé. Mais il a fallu que cette voie ferrée coupe en deux la route migratoire des bisons... et c'est à partir de ce moment-là qu'ils organisèrent le massacre systématique des grands troupeaux [2]. Il y avait ceux qui tuaient et ceux qui dépeçaient. Pour obtenir de belles peaux d'une seule pièce, sans couture, ils incisaient le bison très profondément et l'attelaient derrière un cheval. En tirant comme on fait pour un lapin, ils retournaient la peau, et avec elle toute la graisse,

2. Selon les témoignages de l'époque, certains troupeaux pouvaient défiler sur plusieurs kilomètres de large, pendant trois jours sans discontinuer. Évalués à près de 60 millions à l'arrivée des Blancs, les bisons n'étaient plus qu'environ 800 en 1890. Mais grâce à l'initiative individuelle de quelques ranchers et, par la suite, à la politique de sauvegarde dans les parcs nationaux, l'espèce n'est plus menacée puisqu'elle atteindrait aujourd'hui entre 70 et 80 000 têtes d'après la « Buffalo Association of America ».

abandonnant la viande qui pourrissait sur place. *Wasichu*, les « voleurs de graisse », ceux qui prennent le meilleur pour eux sans autre considération.

Nous avons encore un nom, plus ancien et plus respectueux, pour désigner les Blancs. C'est *ska wichasha*. *Ska* veut dire « blanc », et *wichasha*, « homme ». A l'origine, les *ska wichasha* étaient les premiers trappeurs – principalement des Allemands et des Français – avec qui nous faisions des échanges. Nous leur donnions ce que nous possédions, des fourrures, des peaux tannées, contre ce qui nous manquait, des perles à broder, des ustensiles en fer, certaines denrées. Ils partageaient notre existence et nous nous aidions mutuellement, chacun respectant ses promesses. La période *ska wichasha*, si je puis dire, a duré jusqu'à l'arrivée des autres, les tueurs de bisons. Ceux-ci ont commencé à occuper la terre et à l'entourer de barrières et de barbelés. Cette appropriation du sol a été si rapide qu'elle déclencha de graves conflits, car ils avaient pour eux le soutien du gouvernement et de la cavalerie. C'était comme si tous feignaient d'ignorer le traité de Fort Laramie, signé en 1868, qui nous laissait tous les territoires de la rivière Missouri au Montana et au Wyoming [3].

Depuis, les *wasichu* n'ont plus cessé de nous exploiter, de prendre la terre qui appartient à tous afin qu'elle devienne propriété d'un seul. Non seulement ils ont tout fait pour nous inculquer leurs valeurs sur la possession, mais ils ont aussi voulu nous faire renoncer à nos croyances en nous imposant les leurs : légalement, nous n'avons le droit de

3. Sur les sentiments de l'Indien face à l'homme blanc, voir annexe 2.

pratiquer notre religion et nos rites que depuis 1979 [4]! Or pour nous, la religion n'est pas l'affaire de quelques-uns, elle est l'affaire de tous ; elle n'est pas un monde à part, elle fait partie de la vie, *c'est* une manière de vivre. En somme, depuis 1979, nous avons le droit de vivre...

En ce qui me concerne, j'ai dû apprendre tellement de détails sur la religion catholique que je n'ai pas retenu l'essentiel, comment prier. Mais est-ce tellement important, puisque j'ai ma propre façon de prier ? Cela me rappelle un jour où je faisais du stop entre Saint-Francis et Wanbli, distants d'environ soixante miles. J'avais à peine onze ans. Un autobus jaune s'est arrêté et à l'avant, près du conducteur, un prêtre s'est penché pour proposer de me prendre. En montant, je vis des dizaines d'yeux bleus qui me dévisageaient (j'ai toujours été attiré par les yeux bleus). Sur la route, le Père me dit qu'il emmenait les enfants camper dans les Black Hills, pour les vacances, et m'offrit de me joindre à eux. Il avait l'air sincère, et l'idée me plut aussitôt. Mais je savais qu'il me faudrait d'abord demander l'autorisation. Nous nous arrêtâmes donc à Wanbli. Mon grand-père ne fit aucune difficulté pour me laisser partir et, pendant que ma grand-mère me préparait un sandwich pour la route, je courus prendre une couverture et quelques affaires.

Le camp se trouvait en pleine forêt, près d'un lac. Quand nous arrivâmes, il y avait déjà de grandes tentes et d'autres enfants. On nous installa dans le « fort », un bâtiment en bois avec des palissades qui ressemblait vraiment à un fortin en modèle réduit.

4. Le « Religion Freedom Act ».

Pour nous surveiller, il y avait une femme appelée Florence, et le pasteur (j'appris plus tard qu'il était membre de l'Église luthérienne) qui était pour nous comme un père, responsable et bienveillant. Je crois qu'il m'avait pris en amitié. Dans la journée, nous faisions du bateau, de longues marches et des promenades à cheval. Le soir, nous partions un peu à l'écart sur la colline pour discuter et écouter le pasteur nous lire des extraits de la Bible.

Un jour, le dernier dimanche, nous nous rendîmes dans la forêt avec un groupe d'enfants qui venait d'arriver. Le pasteur qui les conduisait était le révérend Johnson, de l'Église épiscopale. Nous parlions des différentes religions quand, se tournant vers moi, il me demanda :

« Et pour toi, Clark... qu'est-ce que représente la religion ? »

Je me sentais en confiance parce que j'étais entouré de trois amis, Florence, le pasteur et le révérend Johnson. Mais cette question, ce que je savais de la religion... Je pensai à ce qu'aurait bien pu répondre mon grand-père s'il avait été à ma place. Je réfléchis et dis :

« C'est comme un tipi.

– ... »

J'expliquai, en m'aidant de mes mains :

« Quand on regarde un tipi, on voit toutes les perches qui se rejoignent au centre, en haut. Chacune est différente parce qu'elle provient d'un arbre différent. C'est comme les religions : on les enseigne différemment, elles n'ont pas toutes les mêmes légendes, les mêmes livres. Mais quelque part au sommet, elles se croisent. Sur nos tipis, il y a une corde qui maintient ensemble toutes les perches. Pour nous, dans notre langage, cette corde représente *Tunkashila Wakan Tanka*, le Grand Mystère, le Grand Esprit. C'est lui qui garde les perches unies pour que la construction soit solide. A l'extérieur, il y a la toile qui recouvre le tipi. Elle représente l'honneur, le respect et l'amour que nous portons à *Wakan Tanka*. Et tous les petits piquets au sol qui la tiennent tendue, ce sont les enfants, moitié sous terre, moitié dehors. Ils sont disposés en cercle, comme le tipi. Le cercle central représente la terre sur laquelle nous naissons, nous vivons, nous mourons... Pour les Lakotas, le tipi est une grande maison, c'est notre maison à tous. Elle est forte quand elle est bien construite, quand aucune perche ne dépasse les autres et qu'il y a une unité. Alors, au sommet qui forme un nid, on peut porter son esprit afin que nos prières partent vers l'univers. »

Quand j'eus fini, je vis dans leurs yeux tout autre chose que l'arrogance ou la méfiance dont j'avais fait l'expérience à l'école.

Quelques jours après avoir été corrigé par cette religieuse, je dus subir la seconde épreuve de ce que j'appelle aujourd'hui ma christianisation.

Cela s'est passé un soir dans le dortoir. Nous étions alignés devant nos lits, attendant notre tour pour aller à la douche. J'étais le seul à avoir les cheveux longs, très longs, comme tous les Indiens traditionnels. Du bout de la rangée, le Père arrêta son regard sur moi et me dit quelque chose que je ne compris pas. Ce dont je me souviens, c'est que je me mis à pleurer sans bruit quand il haussa le ton. Je savais, après le conflit avec la nonne, que j'allais être à nouveau blessé, mais je ne savais pas de quelle façon. J'avais encore sur ma main la zébrure des coups de règle. Un élève plus âgé s'avança. Je suppose qu'il intervint en ma faveur car, après qu'il eut parlé au Père, celui-ci se mit à sourire et me fit signe de le suivre.

Il m'emmena dans une pièce aux murs très blancs, au plancher en bois; au milieu, devant deux immenses fenêtres grillagées qui ressemblaient à des ouvertures de prison, il y avait un bureau et une chaise. Il me désigna la chaise et, quand je fus assis, il saisit ma tête entre ses mains pour que je regarde dehors. Tandis que je fixais la fenêtre, immobile, je l'entendais aller et venir derrière moi dans la pièce. Quand il s'est approché, j'ai senti sa main se poser sur le haut de ma tête et le froid du ciseau contre mon oreille. J'ai pensé que je mourais, pour moi c'était mourir. La vie tout entière d'un Indien, son degré de conscience spirituelle tiennent dans ses cheveux. Ils poussent en même temps qu'il grandit; plus ils sont longs, plus l'esprit est fort.

Quand il a coupé ma première natte, elle a mis une éternité à tomber, d'abord sur mon épaule, puis de mon épaule jusque par terre. Il a coupé l'autre, et je sus que je n'étais pas mort. Je me suis penché en pleurant et j'ai vu mes grands-mères, mes grands-pères, ma mère, mon père, tous une partie de moi, là, à terre. J'ai vu ma vie changer, mon esprit s'en aller dans un brouillard de larmes. La douleur fut si violente qu'elle arrêta ma respiration, arrêta ma vie. Ce que j'avais de plus sacré, ma tradition, mon peuple, ma spiritualité, venaient de mourir à mes pieds.

A ce moment-là, quelque chose s'est cassé en moi. Si profondément qu'après, pendant un an, je n'ai plus parlé, je n'ai plus dit un seul mot, même dans ma propre langue.

Quand je suis rentré chez moi à la fin de l'année scolaire, ma grand-mère eut un choc en voyant mes cheveux courts. Mais le véritable changement n'était pas là : je restais silencieux, tête baissée, et ne manifestais plus aucun enthousiasme pour aller chercher l'eau ou jouer avec les autres. Je la revois le premier matin de mon arrivée, debout au pied de mon lit. Elle avait l'habitude, pour faire mes nattes, de m'attraper avant que je me lève. C'était le rite, me coiffer avant que je puisse commencer quoi que ce soit d'autre. C'était le jeu aussi, car il lui fallait être plus rapide que moi. Mais ce matin-là, quand j'ouvris les yeux, je vis qu'elle pleurait. Pour elle aussi, tout était changé.

Pendant toutes les vacances, je n'ai pas parlé. Ma grand-mère pleurait souvent, et mon grand-père, pour ne pas la voir, prenait dans la maison ce dont il avait besoin et s'absentait de longs moments. Au fil des jours, la maison se refermait sur mon silence. Je voyais à quel point ma peine pouvait les blesser, bouleverser leur tradition, assombrir notre vie.

Un des derniers matins d'été, je regardai ma grand-mère et dit :

« *Loaci* [5], j'ai faim. »

---

5. *Loaci* : Grand-mère.

Jamais je n'ai vu une vieille femme se déplacer aussi vite; elle semblait glisser du fourneau à la table pour m'apporter de quoi manger. Elle était heureuse car c'était un beau jour : j'avais parlé. Quand mon grand-père revint, il sut en la voyant qu'il s'était passé quelque chose. Avec la joie, la vie était revenue.

Loaci, j'ai faim.

Chapitre 2

La quatrième génération

Je suis né un matin d'hiver, le 19 février 1959, entre cinq heures et cinq heures et demi. Ma mère allait aux toilettes qui se trouvaient à l'extérieur de la maison, quand elle a glissé. En tombant, elle a provoqué la rupture de la poche des eaux. Elle est restée allongée dans la neige, prête à accoucher.

Ma grand-mère, qui l'avait vue sortir, vint aussitôt la chercher pour la ramener à l'intérieur. Ainsi, ma grand-mère Lame Deer [1] fut la première à me recevoir dans ce monde ; elle fut la première à porter ses mains sur moi. Et mon grand-père fut le premier homme à me *voir*, reconnaissant en moi celui à qui serait transmise la tradition, parce que j'étais né comme cela, de manière naturelle. Tout de suite, ils me donnèrent le nom de *Shankila Washte*, Good Fox [2].

Il faut vous dire que mon père n'a jamais eu l'occasion d'aller à l'hôpital pour chercher un médecin. Au

---

1. Cerf Boiteux.
2. Fin Renard.

moment même de ma naissance, il essayait de dégager son tracteur pris dans la neige. A cette époque, nous habitions en pleine campagne, à cinq ou six kilomètres à l'est de Wanbli, dans la réserve de Pine Ridge, Dakota du Sud.

Wanbli. Le mot *Wanbli*, dans ma langue, signifie *Aigle*. Non loin de là, il y a une butte appelée Eagle Nest, où vivent des aigles. C'est là-haut que mon grand-père Lame Deer eut sa première vision. Toute ma famille vivait dans ce périmètre, aux pieds des Badlands.

Wanbli a été créé par plusieurs bandes de Sioux venus s'installer là pour pouvoir se réfugier plus facilement dans les Badlands en cas d'attaque, sans avoir à traverser la Prairie. Ce furent le chef Red Willow, le chef Lame Deer et un autre dont je ne me souviens plus le nom, trois *medecine-men* [3] oglalas, qui, les premiers, arrivèrent avec leurs familles. Au début, ce n'était qu'un camp à proximité d'une vallée qui les protégeait de la plaine et dans laquelle ils avaient trouvé de l'eau. Peu à peu, ils furent rejoints par d'autres familles de la réserve venues assister aux cérémonies. C'est ainsi que la communauté forma un village qui compte aujourd'hui environ huit cents habitants, tous plus ou moins apparentés à des familles de *medecine-men*. Par la suite, Wanbli est aussi devenu un relais pour les Indiens de la Prairie qui faisaient route vers Pine Ridge Agency, la ville principale de la réserve, située à cent trente kilomètres plus à l'ouest.

Je n'y ai vécu que les premières années de mon

3. *Medecine-man :* voyant-guérisseur.

enfance, car mes grands-parents et toute la branche Lame Deer de la famille s'est installée ensuite à Saint-Francis, au nord de la réserve de Rosebud. De cette façon se trouvèrent réunies cette branche maternelle de ma famille et celle de mes grands-parents paternels, la branche Black Elk[4] et White Bird, qui vivait à Rosebud.

Les Badlands sont une partie de moi même. C'est mon pays, une terre toujours pure et naturelle, en dépit de l'aménagement touristique qui a été développé au nord. Comme le Mont Rushmore dans les Black Hills, cet endroit est devenu un piège à touristes, où il faut payer pour voir. Mais pour moi, c'est un lieu tout simplement magnifique, pour les yeux, pour l'âme et pour ce qu'on y ressent. C'est un lieu spécial, sacré, magique, qu'il faut voir pour vraiment comprendre et imaginer ce à quoi pourrait ressembler le monde sans aucune végétation, avec juste des montagnes de terre, des couleurs de terre et des sculptures de terre. Il est très difficile d'exprimer en mots ce que l'on ressent. Ce que je peux dire, c'est que pour un Indien, il s'y passe beaucoup de choses.

Autrefois, on appelait les Badlands « le bout du monde », « la fin de la création », par opposition à la Prairie qui s'étend en bordure et représente « le début de la création ». Pour les bisons chassés des plaines et précipités du haut des falaises, la vie aussi s'arrêtait là; finissant leur temps, ils engendraient par leur mort une nouvelle création, ils se donnaient pour un nouveau cycle. Dans les Badlands, rien ne

4. Élan Noir.

pousse, il n'y a rien, pas d'arbre, juste de la terre et des cailloux. Mais il y a des esprits qui retournent dans la terre et attendent pour revenir. Ce sont des *iyaya*, ce que vous pourriez appeler des « molécules », susceptibles de se régénérer dans l'homme. C'est là que le bison vient mourir et que, par cette transformation, nous captons son énergie.

Imaginez par exemple qu'au pied d'une de ces falaises, un Indien dépèce un bison et le mange, absorbant une de ces molécules en sorte qu'elle le fortifie et lui procure son énergie. Cette infime molécule va continuer à vivre en lui jusqu'au jour où il fera un enfant. Alors peut-être, cette infime molécule sera transmise à l'enfant qui grandira sur le plateau, dans la prairie pleine d'herbe et de vie. Ce sera une nouvelle création, un nouveau paradis. Puis, à son tour, l'enfant achèvera son cycle et retournera à la terre. Alors, peut-être que cette molécule qu'il portait en lui se développera dans un brin d'herbe, et que ce brin d'herbe sera un jour mangé par un bison. Et l'énergie, de nouveau, renaîtra dans le bison. Voilà ce qu'il faut comprendre par l'image du début et de la fin de la création. De même que le bison retourne sur la falaise, bouclant ainsi le cycle, le cycle de vie, de même, à condition que l'esprit soit fort, tout homme peut renaître s'il le désire vraiment, s'il a le pouvoir de comprendre les choses, de se détacher.

De nos jours, des ranchers se sont installés à proximité et font de l'élevage. Les temps ont changé. Il n'y a plus de bisons mais, parfois, il arrive qu'une vache s'aventure dans les Badlands. C'est un autre cycle, une autre génération. Mais c'est toujours un endroit inquiétant. Aujourd'hui encore, des gens continuent de se perdre, des touristes qui descendent et qu'on ne retrouve jamais. Il y a quelque temps, une mission scientifique de six membres s'y est rendue ; quatre d'entre eux seulement sont revenus. Où ces gens ont-ils disparu ? Personne ne le sait, et pourtant les Badlands ne font qu'environ quatre-vingts kilomètres de long sur quinze de large. L'atmosphère est trop étrange, trop pleine d'esprits. En bas, si vous allumez une cigarette, c'est comme dans une pièce close, la fumée reste et tourne autour de vous. On ne peut faire de différence entre un canyon et un autre. Rien n'y est normal. Tout a l'air pareil, et en même temps tout change de place. D'une année sur l'autre, au même endroit, les collines se déplacent. On peut devenir fou au bout de quelques heures. La nuit, les rochers, le sol, se mettent à scintiller, c'est blanc comme en plein jour.

Donc je suis né en bordure des Badlands, à la lisière de ces deux mondes, le début et la fin de la création, et l'on m'a appelé *Shankila Washte*. Ce nom vient du grand-père de mon grand-père, qui était un guerrier majestueux. *Shankila* signifie le « jeune renard », l'aîné de la portée ; et *washte*, « fin », « rusé ». Ainsi, mon arrière-arrière-grand-père fut le premier « Jeune Fin Renard ». Il était le protecteur de la tribu, celui qui choisissait où devait être installé le camp. C'était également lui qui partait en éclaireur pour chercher la meilleure route à suivre quand la tribu se déplaçait. Lorsqu'il avait le choix entre deux vallées, il lui fallait découvrir laquelle avait de l'eau. Il ne pouvait pas se permettre de penser seulement pour lui-même, il devait penser et prendre des décisions pour tous les siens. C'est pourquoi il allait devant et donnait ses orientations à d'autres guerriers qui les transmettaient à la tribu, en sorte qu'elle pût suivre son chemin avec la certitude de trouver de l'eau et de pouvoir camper.

Good Fox avait pris part à la bataille contre Custer et fut un grand *medecine-man.* Il avait le pouvoir de disparaître devant vous instantanément, en un clin d'œil. Il savait, techniquement parlant, utiliser et comprendre les molécules. Il vivait à moitié dans le monde spirituel, à moitié dans le monde matériel.

L'épisode où il manifesta réellement son pouvoir, et qui fit de lui un guerrier majestueux, nous ramène une fois encore dans les Badlands. A cette époque, la tribu avait établi son camp dans une vallée. Un jour, Good Fox arriva précipitamment et rassembla les chefs et les guerriers. « Venez, leur dit-il, je veux vous montrer quelque chose. » Il les emmena à cheval sur la colline et, une fois là-haut, désigna l'horizon : « Regardez, regardez loin là-bas vers l'est, les hommes blancs arrivent. » En effet, un détachement de cavalerie approchait. Quand les soldats furent suffisamment près pour apercevoir Good Fox sur son rocher, celui-ci les provoqua, les engageant à le prendre en chasse. Il les emmena ainsi loin des chefs et des guerriers qui observaient, avec curiosité, sa manœuvre. Puis, seul face à eux, il les laissa s'approcher jusqu'à ce que le capitaine eut lancé la cavalerie à ses trousses. A ce moment-là, il dévala une première colline, suivi de près par la troupe. Quand celle-ci parvint au sommet de la seconde colline, Good Fox avait déjà pris une colline d'avance. Le premier effet de surprise passé, intrigués par l'étrangeté du phénomène, les hommes continuèrent de plus belle la poursuite. A la troisième colline, il y avait deux collines d'écart entre eux; à la suivante, trois collines d'écart, puis quatre, puis cinq. Les poursuivants devenaient fous, essayant de comprendre comment cet Indien pouvait leur échapper aussi facilement. Pour mettre toutes les chances de leur côté, ils se séparèrent. L'obsession de l'attraper les avait conduit en plein cœur des Badlands.

Les chefs indiens qui l'avaient vu disparaître redescendirent au camp, racontèrent ce qu'ils avaient vu et parlèrent ainsi : « Good Fox doit être mort, il a donné sa vie pour nous, il s'est sacrifié. C'était un guerrier majestueux à qui nous devons respect pour cet acte de bravoure. » Et il fut honoré pour cela.

Quelques jours plus tard, à la stupéfaction générale, Good Fox revenait au camp. Comme on lui demandait ce qui s'était passé, il dit : « Voici comment il faut faire les choses. Voici comment il faut comprendre la manière d'utiliser les forces, les différentes forces, les vents, les points cardinaux, la terre, l'air, pour travailler en harmonie avec eux. Ce que j'ai montré est un enseignement spirituel. »

Plus tard, beaucoup plus tard, bien des années après, des archéologues découvrirent dans les Badlands des restes de chevaux, d'os humains et d'équipement militaire. Dans une sacoche, ils trouvèrent un carnet, un petit livre, dans lequel il était écrit que les soldats avaient pourchassé un Indien pendant trois ou quatre jours, que cet Indien disparaissait ici pour réapparaître là, qu'ils s'étaient enfoncés derrière lui dans cette région maudite, qu'ils devenaient fous et qu'ils s'étaient perdus.

White Bird est un nom de famille; Good Fox, *Shankila Washte*, mon nom spirituel. Ce nom spirituel est utilisé pour que l'esprit de mon arrière-arrière-grand-père revienne, et l'esprit est revenu, il est là, maintenant. Il prend son sens véritable lors des cérémonies, comme une reconnaissance que *Shankila Washte* est présent.

Ce nom me fut donné pour différentes raisons. La plus simple est que le pouvoir devait être transmis et revenir à la quatrième génération. Le premier Good Fox avait dit : « Dans quatre générations à partir de maintenant, je reviendrai, et cet enfant devra porter mon nom. » Une autre raison est que, toutes les quatre générations, dans les deux branches de ma famille, il est de tradition de confier un enfant à ses grands-parents pour qu'il reçoive l'enseignement de *medecine-man*. C'est notre façon de sauvegarder la tradition pour les générations à venir et de nous conformer aux cycles de la grande roue *medecine*.

Quelquefois, il y a des signes qui accompagnent une naissance. Ce fut moi que mes grand-parents choisirent parce que je suis venu au monde de manière naturelle, alors que mon frère et ma sœur aînés sont tous deux nés à l'hôpital. Aujourd'hui, l'accouchement est une affaire médicale. Pour nous, c'est la fin d'un temps, la fin de beaucoup de choses.

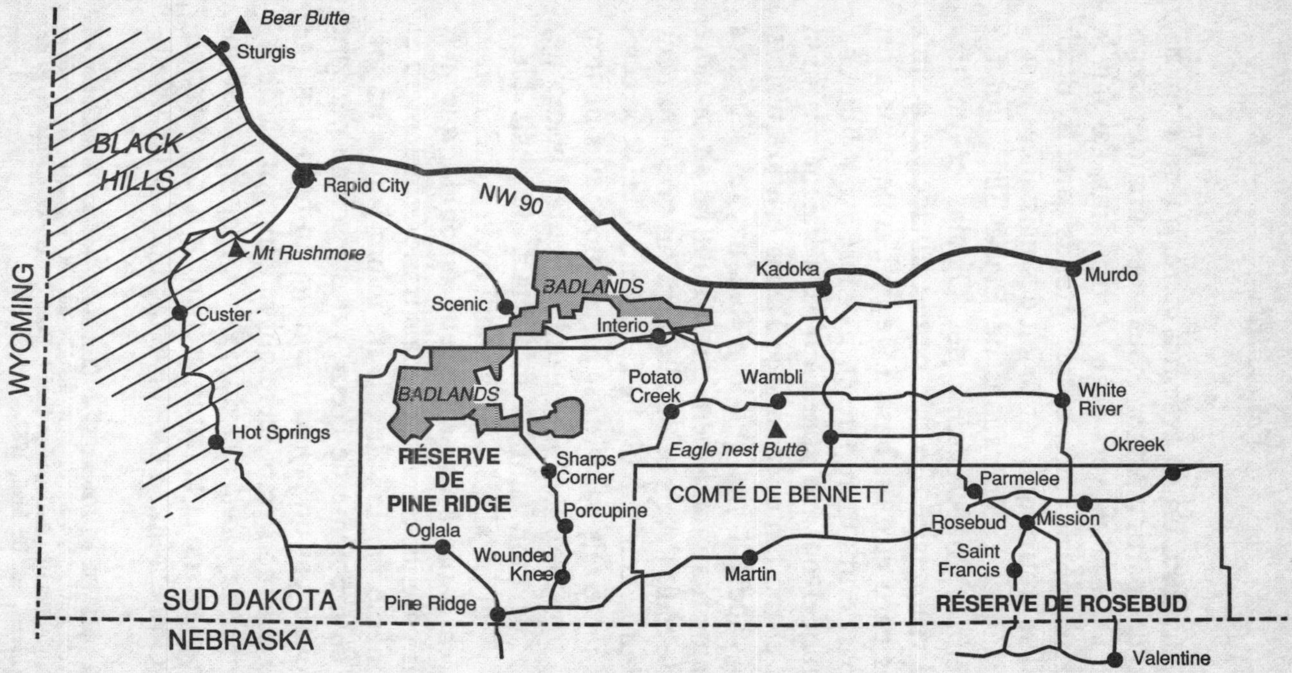

Réserves de Pine-Ridge et de Rosebud où a été élevé White-Bird (Sud Dakota)

Je suis resté un an avec ma mère, qui m'a nourri, avant de partir habiter chez mes grands-parents Lame Deer. Puis vers l'âge de trois ans, j'ai fait la connaissance de mes autres grands-parents Black Elk. Il se trouve que par le jeu des naissances je suis aussi à quatre générations de Black Elk[5], qui fut longtemps Chef-*medecine* des Oglalas et un très grand visionnaire. En fait, cette coïncidence ne m'a jamais paru être un hasard. Je n'ai donc pour ainsi dire pas connu mon père et ma mère avant huit ans, âge auquel on m'a appris qu'ils n'étaient pas mon oncle et ma tante, comme je l'avais cru jusqu'alors.

On s'aperçut vite que je n'étais pas un bébé très résistant; ma grand-mère disait qu'il fallait prendre soin de moi. J'avais ce qu'elle appelait une « humeur au cœur » : une valvule ne fonctionnait pas correctement, je ne sais pas si c'est parce que je suis né trop tôt ou trop tard. Parfois, quand je pleurais beaucoup, je perdais mon souffle, m'arrêtais, devenais bleu. Bref, je m'en allais... puis mon cœur redémarrait. C'est en partie à cause de cette émotivité que mes grands-parents ne m'ont jamais traité brutalement et que, même par la suite, ils ne m'ont jamais frappé. Pour ce problème de cœur, j'ai été soigné pendant quatre ans par un *pejuta wichasha*, un herboriste; ce n'était pas mon grand-père qui m'administrait directement cette « *medecine* du cœur », mais c'est lui qui l'avait prescrite et la faisait préparer par ce *medecine-man*. Grâce à lui, je me suis rétabli peu à peu. Main-

---

5. Sur Black Elk ou *Hehaka Sapa* (Élan Noir), voir son autobiographie : « *Élan Noir parle* », la vie d'un saint homme des Sioux oglalas, éd. Le Mail, 1987. Voir également son ouvrage avec J. Epes Brown, « *Les Rites secrets des Indiens sioux* », éd. Le Mail, 1987.

tenant encore, quand je vais au bout de mes capacités physiques, je constate que cette *medecine* est toujours là, qu'elle est toujours très forte. Cela m'aide à rester dans la tradition, à réaliser que cette tradition fonctionne réellement et qu'elle est durable.

Ma première « cérémonie » eut lieu pour ainsi dire à mes dépens. A un an, on me coupa les cheveux, et ma grand-mère en conserva une mèche qu'elle mit de côté avec mon cordon ombilical. Conserver le cordon ombilical du nouveau-né était un rite pratiqué dans les familles vraiment traditionnelles, rite qui a malheureusement disparu aujourd'hui parce que les enfants naissent à l'hôpital – et là, que croyez-vous qu'ils font d'un cordon ombilical ?

Cette ancienne coutume figurait le lien qui unit l'enfant à tous ses parents, en particulier à sa mère qui l'a mis au monde ; garder le cordon ombilical était une manière de maintenir vivant ce lien familial. Dès que le cordon était coupé, on le purifiait et on disait une prière. Un an après, on lui adjoignait les premières mèches du bébé, et l'on conservait le tout dans une petite amulette qui représentait soit un lézard, soit une tortue. Le choix de l'un ou l'autre animal résultait d'un jeu permettant de déceler quelle serait la personnalité de l'enfant : ses parents lui tendaient les deux jouets, et le bébé saisissait celui qui allait symboliser sa vie. S'il choisissait le lézard, il serait quelqu'un de mobile, qui irait de l'avant et ne tiendrait pas en place ; s'il choisissait la tortue, il aurait tendance à rester à la maison. Moi, j'ai choisi le lézard, c'est la nature de mon esprit, c'est la manière dont je suis, physiquement et dans mes actes.

En grandissant, l'enfant garde avec lui ce petit lézard ou cette petite tortue, comme un animal familier. L'amulette devient sa chose à lui, sa *medecine*. A travers ses malheurs et ses joies, elle reste pour lui un réconfort, un objet de tendresse qu'il chérit plus que tout au monde. Puis, avec le temps, l'amulette s'abîme, s'effiloche, et retourne à la terre, signe qu'alors, pour l'enfant, la vie commence. Le cordon ombilical est vraiment coupé, mais le lien spirituel demeure.

Chapitre 3

Le peuple de la terre

Quand on me demande : « Êtes-vous un Indien d'Amérique ? », je réponds en général : « Non, je ne suis pas un Américain, je ne suis pas un Indien, je suis un Lakota. » Dans notre langue, *Lakota* veut dire « Peuple de la Terre ».

Les Lakotas, avec les Nakotas et les Dakotas, forment les trois nations du peuple sioux. Curieusement, le nom *Sioux* ne vient pas de chez nous, mais nous a été donné par les Indiens Chippewas [1], pour qui il signifiait « serpent dans l'herbe »; ils nous appelaient ainsi parce que nous vivions dans les grandes étendues de plaines du Dakota, en suivant la migration des bisons, et que, comme des serpents, nous avions la réputation de ramper dans l'herbe haute. Nous pouvions y demeurer à l'affût le temps qu'il fallait, sans bouger et sans faire de bruit, puis surgir derrière l'ennemi pour le tuer. Nous avions à tel point poussé cette stratégie du guerrier silencieux

1. *Chippewas*, ou *Ojibwas des forêts* : tribu du centre-nord des U.S.A. (Ontario, Minnesota, Wisconsin, Michigan), et frontière canadienne.

que, dans le langage des signes, les Cheyennes d'abord, puis toutes les autres nations nous désignèrent par le geste de la gorge tranchée : le signe exact consiste à faire, avec la main droite à plat, un mouvement de gauche à droite à la base du cou. Cela

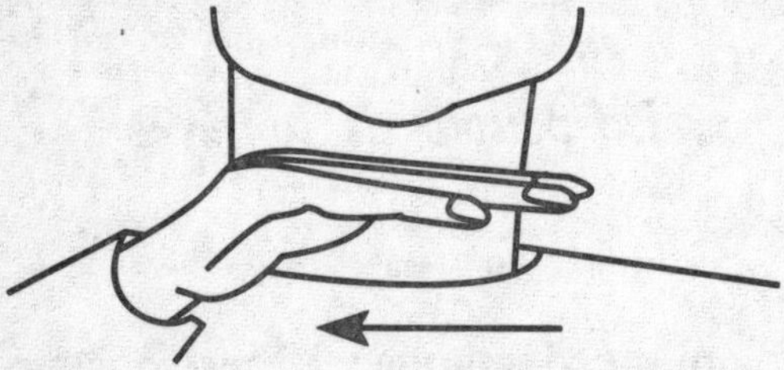

pour rappeler notre façon de sauter sur l'ennemi et de lui couper la gorge juste au-dessus de la glotte, afin qu'il ne puisse émettre aucun son ni donner l'alerte. Ceci étant, notre véritable nom est Lakotas, les gardiens de la terre. Ce qui nous différencie principalement des deux autres nations sioux, les Dakotas et les Nakotas, c'est le langage : il y a le dialecte L, le dialecte D, le dialecte N. Malgré cela, nous sommes capables de nous comprendre, car seule change la prononciation de certaines consonnes, les L, les D, les N. Même si je ne prononce pas tous les mots correctement, la vibration du langage est la même, elle est universelle. En réalité, l'obstacle majeur reste, aujourd'hui, de trouver un Indien à qui je puisse parler ma propre langue car, hormis quelques anciens, tous parlent anglais.

D'un autre point de vue, les Sioux sont répartis en sept branches principales, représentées par les « sept feux du Conseil ». Parmi ces sept branches, deux sont Lakotas (Tétons et Yanktons), trois sont Nakotas (Sissetons, Mdewakantons, Yanktonais), et deux Dakotas (Wahpekutes, Wahpetons) [2].

La branche la plus importante était celle des Lakotas [3], dont une partie a suivi Sitting Bull [4] au Canada. Une autre partie est restée dans les Black Hills ; parmi eux les Oglalas, qui avaient décidé de faire face, de donner leur vie. Ils furent, de tous les Indiens, les derniers à rejoindre les réserves, Pine Ridge et Rosebud. Ils furent les derniers, oui et pourtant ce n'est pas ce que raconte l'Histoire, puisqu'elle soutient que tous les Indiens furent envoyés dans les réserves en même temps. Dans l'Histoire, il n'y a toujours qu'un point de vue, jamais l'autre. C'est comme pour Little Big Horn : les Américains l'ont appelé « le massacre de Little Big Horn » parce qu'ils ont perdu ; et ils parlent de « la bataille de Wounded Knee », alors que pour nous ce fut en réalité une véritable tuerie [5]. Quand ils gagnent, ils appellent cela une bataille ; quand ils perdent, ils appellent cela

2. Précisions apportées par White Bird : la répartition donnée ici est celle d'autrefois. De nos jours, les sept divisions se répartissent ainsi : 1 Lakota (Tetons), 4 Dakotas (Mdewakantons, Wahpekutes, Wahpetons, Sissetons), 2 Nakotas (Yanktons, Yanktonais).

3. Les principales tribus Lakotas sont : les Brûlés, les Miniconjus, les Oglalas, les Pieds-Noirs, les Hunkpapas et les Sans-Arcs (voir planche 2 et Annexe 1).

4. Sitting Bull (1834-1890) : célèbre chef medecine-man des Hunkpapas. L'épisode mentionné ci-dessus fait suite à la bataille de Little Big Horn (25 juin 1876). Après leur victoire, les deux chefs Crazy Horse et Sitting Bull se séparent à la South Yellowstone River. Tandis que l'un est pourchassé dans le Nebraska, Sitting Bull se réfugie au Canada. Il en reviendra en 1881 et mourra assassiné dans la réserve de Standing-Rock.

5. Wounded Knee : du côté indien, officiellement 153 morts ; selon une estimation de l'époque, près de 300, sur les 350 hommes, femmes et enfants que comptait le clan de Big Foot. Du côté américain, 25 soldats morts.

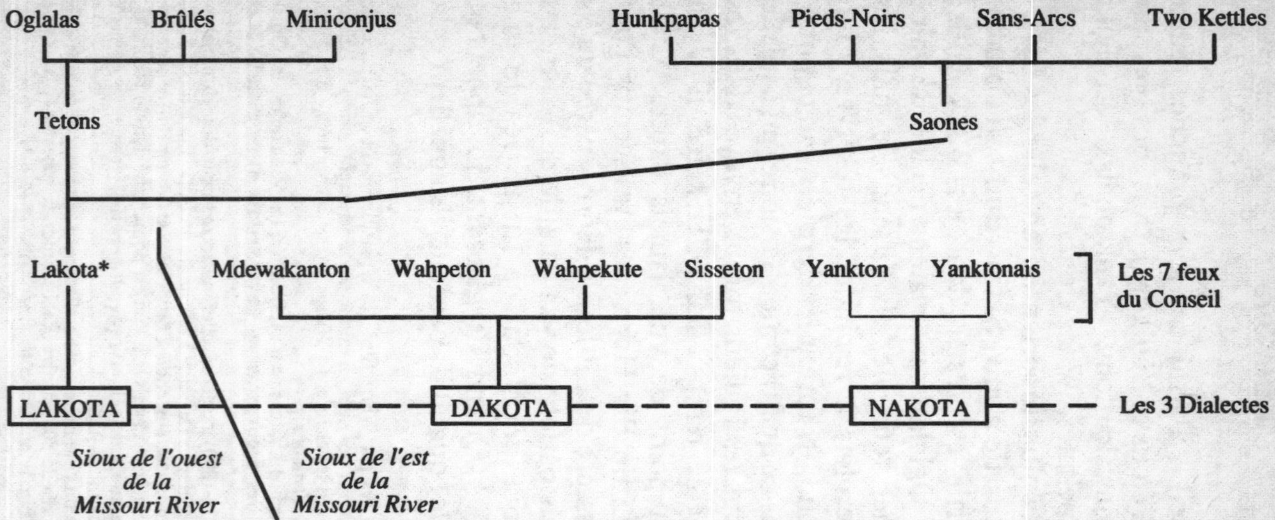

Peuple Sioux

Les 3 Dialectes et les 7 Feux du Conseil

(Répartition communément admise à l'époque moderne)

* Au cours du temps, les Lakotas se sont scindés en deux groupes : les Tetons et les Saones

un massacre. C'est une façon de contrefaire la vérité et d'influencer les mentalités pour faire croire qu'historiquement, ils ont été dans leur bon droit. Tout cela pour la gloire de l'Amérique, mais qu'en est-il des Indiens ? Ils sont toujours caricaturés. On prend toujours leur place, jusque dans les films où il est rare que les rôles d'Indiens soient joués par des Indiens. C'est encore une illusion qu'on entretient.

Cela me rappelle une histoire qu'on racontait et qui illustre bien la mentalité des Américains, la manière dont ils séparent les choses et perçoivent les relations humaines. A l'occasion de la signature d'un traité, plusieurs grands chefs indiens s'étaient rendus au Congrès pour rencontrer les représentants du gouvernement. Avant d'approuver les clauses du traité, ils décidèrent de fumer la pipe en signe de conciliation. Autour de la table étaient assis alternativement un chef, un représentant blanc, un chef, un représentant blanc, etc. Un des chefs sortit sa pipe, y mit du tabac, prononça une prière et l'alluma. Il tira une bouffée et la tendit au représentant assis à sa droite. Celui-ci fuma à son tour, avant de la passer à un vieux chef. Ce vieux chef, comme toutes les personnes très âgées, avait un peu de salive qui lui venait au coin des lèvres, un peu de mousse, comme les bébés. Il saisit la pipe, fuma, et la passa à son voisin. En voyant arriver la pipe, le voisin se racla la gorge d'un air dégoûté et sortit son mouchoir. Il entreprit d'essuyer l'embout, puis tira une bouffée timide. Quand vint son tour de fumer, le chef suivant sortit son couteau et, pour marquer le coup, devant tout le monde, tailla généreusement tout le bout de la pipe avant de la porter à ses lèvres.

C'est toujours la même chose qui se reproduit. Avant d'essayer de faire de nous leurs frères et de tout partager, il faudrait d'abord qu'ils nous acceptent comme êtres humains. Après tout, est-ce que les vieux chefs blancs n'ont pas cette même salive qui leur vient parfois au coin de la bouche ?

Du côté de ma mère, que pour simplifier j'appellerai le côté Lame Deer, j'ai du sang oglala-miniconju. Du côté de mon père, c'est-à-dire la branche Black Elk, j'ai du sang oglala-brûlé. Le mariage de mon père et de ma mère a scellé l'union de deux grandes familles *medecine*, en même temps qu'il en a fortifié la nature.

Mon grand-père maternel, Philip Two Elk, était un *yuwipi wichasha*, un *medecine-man* qui travaillait avec les pierres, qui avait l'esprit des pierres. Mon grand-père paternel White Bird était un *pejuta whichasha* ; il travaillait avec les plantes. Quant à Lame Deer [6], il était un chef *medecine-man*, qui avait la connaissance de toutes les *medecines* réunies et était capable d'enseigner chaque spécialité. Comme avant lui Good Fox, Black Elk ou même Sitting Bull, il incarnait tout à la fois les pouvoirs d'un *yuwipi*, d'un *pejuta*, d'un *heyoka*, d'un *winkte*, sortes de *medecines* que j'expliquerai un peu plus loin. C'est pour cela

---

6. Voir arbre généalogique. White Bird a été élevé en réalité par trois familles : Nelly Fire et Philip Two Elk, Laura Left Hand Bull et Noah White Bird (ses grands-parents véritables), mais aussi par John Fire Lame Deer. De plus, il reçut également du côté Black Elk (Laura Left Hand Bull) l'enseignement de Ben Black Elk (fils de Nicholas Black Elk ou Hehaka Sapa) et de son fils Wallace.

Au cours de son récit, White Bird parlera le plus souvent de ses grands-parents sans faire de distinction entre l'une ou l'autre branche : il les appellera simplement « mon grand-père » ou « ma grand-mère ».

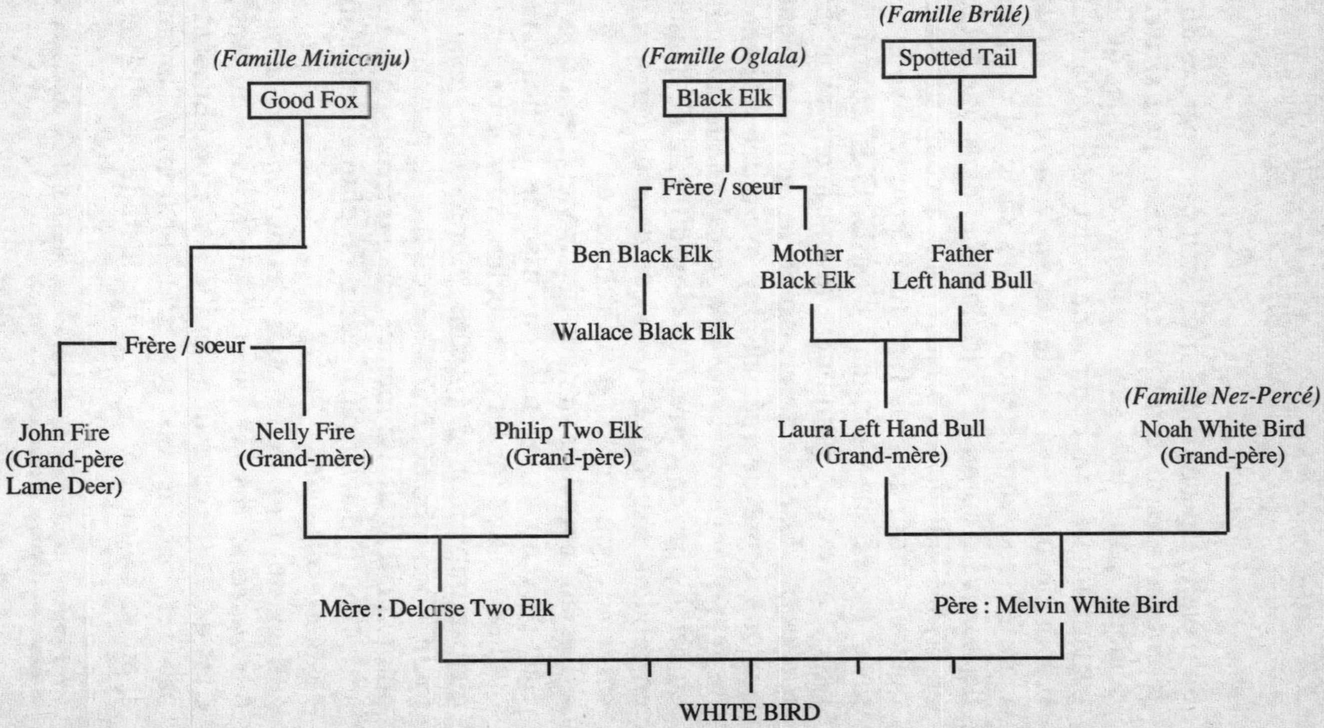
(Famille Miniconju)
Good Fox
(Famille Oglala)
Black Elk
(Famille Brûlé)
Spotted Tail
Frère / sœur
Ben Black Elk
Wallace Black Elk
Mother
Black Elk
Father
Left hand Bull
Frère / sœur
John Fire
(Grand-père
Lame Deer)
Nelly Fire
(Grand-mère)
Philip Two Elk
(Grand-père)
Laura Left Hand Bull
(Grand-mère)
(Famille Nez-Percé)
Noah White Bird
(Grand-père)
Mère : Delarse Two Elk
Père : Melvin White Bird
WHITE BIRD

qu'il était respecté, parce qu'il était passé par ces différentes étapes de compréhension. Lorsqu'il arrivait quelque part, les gens savaient d'emblée qu'ils avaient affaire à un homme de pouvoir. Il n'avait pas besoin de porter sa coiffe de *medecine-man* ni de manifester sa compétence. Je suis sûr qu'il vous est déjà arrivé d'éprouver cela, lorsque, dans une foule anonyme, quelqu'un projette tout à coup sur vous quelque chose de plus fort que les autres : vous ne savez pas ce que c'est, mais c'est là. C'est ce qui se passait avec mon grand-père quand il arrivait à un *pow-wow* [7]. Dans le cercle sacré, les gens sentaient quelque chose de spécial, il y avait une présence magnétique. Dans les *pow-wow*, on s'installe toujours en cercle, pas en carré. Car c'est difficile de danser en rond dans un carré. Alors que dans un cercle, on garde le mouvement, et il s'amplifie.

Les six dernières années de sa vie, Lame Deer était parvenu à une telle maîtrise de la médecine qu'il pouvait guérir les gens seulement avec de l'eau, ou par imposition des mains. Après avoir travaillé toute sa vie avec des objets sacrés, il était parvenu au point où il était lui-même une *medecine* pour les autres, où il n'avait plus besoin de plume d'aigle ni de pierre d'éclair.

Il existe deux voies pour devenir *medecine-man* (ou *medecine-woman*). La première est celle du sang, c'est de naître dans une famille *medecine*. Enseigné par ses parents ou ses grands-parents, l'enfant apprend la tradition – à travers l'étude des plantes,

7. *Pow-wow* : importantes célébrations sociales donnant lieu à des concours de danse en costume traditionnel.

des animaux, des pierres – et le respect qu'il doit porter à toute chose vivante ou ayant rapport avec la vie. Il développe en lui l'instinct, l'essence du *medecine-man.* Le sang attire comme un aimant : aussi loin pensera-t-il s'en être éloigné, le sang se rappellera toujours à lui un jour ou l'autre pour le ramener dans la grande roue *medecine.* La seconde voie est de commencer comme apprenti. Un apprenti est choisi en fonction de ce qu'il peut comprendre, de combien il peut comprendre, de sa rapidité à comprendre. Tout dépendra pour lui de son désir sincère de connaître les choses, et de sa capacité à les appréhender. Dans l'un ou l'autre cas cependant, c'est lors de sa première quête de vision que le futur *medecine-man* prendra conscience de ses qualités et découvrira si, oui ou non, il a l'étoffe d'un guérisseur.

En réalité, le don – ou le fait que certaines personnes ont plus de pouvoir que d'autres – exige un important travail sur soi-même. Car si le pouvoir est virtuellement présent en chacun, il faut le faire renaître, il faut l'éveiller. Pour ces gens, la vie devient l'occasion de parachever quelque chose, de boucler un cycle (physique, mental, émotionnel ou spirituel), afin d'accéder à un niveau de conscience supérieure. Une fois qu'ils ont réalisé que le pouvoir est là pour les aider, et qu'ils l'ont accepté, leur chemin s'éclaire tout naturellement. Alors ils se dégagent et commencent à voir plus loin, plus en profondeur. Ils découvrent qui ils sont, et à quel type de pouvoir ils peuvent se référer pour soigner, quelle est leur force. Parvenus à ce degré de connaissance, ils n'essaient plus d'être, ils *sont* cette énergie pure qui circule en eux. S'ils sont positifs, l'énergie sera positive ; s'ils sont négatifs, l'énergie sera négative.

Pour nous, la Quête de Vision – ou *Hamblechia* – est un des deux grands rites révélés. Quand il part implorer une vision, l'Indien se retire sur une colline ou dans un bois, à l'écart du monde, pour véritablement se donner à toutes les forces et s'offrir aux esprits.

Lors d'une Quête de Vision, vous êtes entouré de vibrations beaucoup plus subtiles que dans le monde physique normal. Ce sont elles que les esprits empruntent pour se déplacer. Elles sont si élevées et fragiles que le simple fait de tousser peut suffire à les faire fuir. Auquel cas, il vous faut attendre que l'esprit se manifeste à nouveau ; cela aura lieu quand il vous saura prêt à le recevoir. Ces vibrations aiguisent votre sensibilité et donnent une acuité particulière aux choses. Elles vous mettent en contact avec l'espace spirituel.

A ce moment-là, vous entrez en prière. Une prière sincère qui vient du cœur, non une prière de l'esprit joliment tournée. Une prière qui fait remonter de l'intérieur de vous vos émotions les plus profondes ; comme si vous étiez seul au monde et que cette vie n'appartenait qu'à vous. Pour cela, vous utilisez votre nom spirituel, et vous priez, vous priez. Quand vous avez tout donné de vous-même, l'esprit vient. Il peut apparaître sous la forme d'un petit oiseau, d'un papillon, de quelques gouttes de pluie ou de bien d'autres choses : cette vision est pour vous *seul*, et si vous savez l'interpréter, votre vie prendra un sens. Quelquefois l'esprit se manifeste dans un animal particulier, par exemple un renard rouge, ou gris, ou même deux renards, ou encore un aigle, dans une région où personne n'en a jamais vu!

Un de mes cousins était monté un jour faire sa Quête de Vision et priait sur la colline. Il n'était pas très sérieux sur le sujet, enfin, pas assez. Il attendait là, assis, quand il vit arriver vers lui un gros bison, un énorme bison mâle qui devait bien faire un mètre de large entre les cornes. Tandis qu'il se demandait en tremblant si c'était l'esprit ou la réalité, l'animal s'approcha de plus en plus et vint s'arrêter net, juste à l'extérieur du cercle sacré. Mon cousin pouvait sentir son souffle sur lui. Alors tout à coup, sans plus se poser de questions, il bondit hors du cercle et dévala littéralement la colline. Arrivé au village, il raconta au *medecine-man* qui l'avait installé là-haut quelques heures avant :

« Ho! J'ai vu arriver un énorme bison qui s'est arrêté devant moi... J'ai eu tellement peur que je me suis enfui! »

Le *medecine-man* le regarda en riant et lui dit :

« Tu es fou, il n'y a pas un seul bison dans le coin, il n'y a rien qui ressemble à un bison par ici. »

Le Grand Esprit était apparu dans toute la force du bison pour aider mon cousin. Mais celui-ci a eu tellement peur qu'il n'a pas pu soutenir sa vision; il a eu peur de sa propre peur. Il a laissé passer sa chance d'être un très grand *medecine-man* détenant son pouvoir du bison.

Cela afin de montrer que les esprits peuvent emprunter différentes voies pour se faire connaître, et qu'elles sont différentes pour chacun. Mais il faut savoir qu'ils n'ont jamais rendu personne plus fort, ils *aident* à être fort. Ce sont comme des cannes : quand vous vous cassez la jambe, vous avez provisoirement besoin de « jambes » supplémentaires jusqu'à ce que vous puissiez de nouveau marcher par vous-même. De la même façon, les esprits sont là pour vous aider, pour vous protéger, non pour prendre votre place.

Lorsque vous priez dans votre Quête de Vision, votre nom spirituel, qui vous sert de guide, devient une clé spéciale pour vous ouvrir la porte de la spiritualité. Sa valeur symbolique en fait un messager entre le monde d'ici-bas et l'autre monde, un porte-parole qui vous permet de dire : « Esprit, écoute-moi, aide-moi, guide-moi, afin que je sois en mesure d'agir de la manière juste et correcte ». Puis votre prière s'étend aux quatre quartiers de l'univers, aux quatre directions du vent, à la grand-mère Terre, au grand-père *Wakan Tanka*, le Grand Mystère. Vous vous tenez dans le cercle sacré, et les centaines d'offrandes de tabac disposées tout autour de vous vous aident elles aussi dans votre prière et dans votre volonté d'atteindre un degré plus élevé. Il est d'usage de préparer ces petites offrandes de tabac avant de monter faire sa quête, en attachant à chacune d'elles une prière particulière; mais si un jour vous en éprouvez le besoin – à supposer que vous désiriez une réponse à une question qui vous tient à cœur –, vous pouvez en fabriquer à cet effet, vous rendre dans un endroit calme et les disposer à la fourche d'un arbre, pour les offrir aux esprits.

C'est comme la prière du matin; chaque matin, quelle que soit l'heure à laquelle je me lève, je fais une prière, en même temps qu'une offrande de tabac. Nous appelons cela *Wopila*, un remerciement; ce peut être une pincée de tabac de cigarette, un morceau de fruit ou toute autre chose. Ce que vous avez, vous l'offrez aux esprits afin qu'ils sachent qu'en vous rappelant ainsi à eux, le lien est toujours fort, et que vous êtes disposé à ce qu'ils vous aident et vous guident tout au long de la journée.

La prière que je prononce est très simple :

Tunkashila	
Wakan tanka	Au Grand Mystère
Unci maka	A la Terre-Mère
Mah piya topa	Aux quatre directions
Tatewi topa	Aux quatre vents
Wanbli galeska	A l'aigle tacheté
Oya mayo	Écoutez ma prière
Uncila mayo	Ayez pitié de moi
Ma uncika	Je suis pitoyable
Omake ayo	Aidez-moi
Mitakuye oyasin	A tous mes ancêtres

Le don du pouvoir se voit dans les mains, dans l'art de sentir avec les mains. En la touchant, un *medecine-man* – un *pejuta* – peut sentir une plante, savoir si elle est plus forte ou moins forte que les autres, s'il doit ou ne doit pas la cueillir. Il *voit* grâce à l'aide des esprits. Dans la journée, un esprit se montre sous l'apparence d'une petite étincelle de lumière, un éclat de silex. Quand vous vous apprêtez à toucher une plante, quelque part au point de contact entre vos doigts et cette plante, l'espace d'une seconde, une étincelle jaillit. Quelqu'un de normal ne remarquerait rien, mais le *medecine-man*, lui, verra; il saura interpréter cette étincelle et apprécier, selon sa couleur, la nature de l'esprit.

Quand j'étais enfant, j'allais souvent cueillir des plantes avec ma grand-mère. L'utilisation de ce procédé lui permettait de déterminer exactement la bonne herbe, au bon moment, au bon endroit. Elle avait une intuition très sûre pour cela. Par exemple, devant une dizaine de plants de sauge, elle prenait sans jamais se tromper la plus puissante. C'est elle qui m'a montré la petite lumière qui court de la main à la plante et de la plante à la main. Mais ce sont mes grands-pères qui m'ont appris où poussent les herbes qui guérissent, à quoi elles ressemblent dans leur aspect extérieur et comment on s'en sert. Dans la famille, c'était les femmes qui préparaient la *medecine.* Si un malade venait voir mon grand-père et qu'il n'était pas là, ma grand-mère pouvait donner la *medecine* à sa place car c'était elle qui, suivant ses indications, l'avait fabriquée. Elle était en somme la gardienne de cette *medecine*, agissant dans l'ombre de mon grand-père, comme sa partie complémentaire.

Parce qu'il est excessivement attentif et ouvert, un *medecine-man* est capable de sentir, d'entendre, de voir beaucoup de choses. Il peut éprouver très physiquement la présence de quelqu'un dans une pièce voisine, ou celle d'un animal au détour d'un côteau. Il peut, en levant les yeux juste au bon moment, regarder et écouter voler un aigle haut dans le ciel là où, vous, vous ne distingueriez pas même un point.

Quand j'étais petit, je m'exerçais à ce genre de pratique, sans bien savoir ce que cela supposait, ni même pourquoi je le faisais. Je partais dans la campagne et, adossé contre un arbre, je laissais le silence venir à moi. En contrôlant mon souffle le plus longtemps possible, je finissais par m'oublier, et j'attrapais le vent, le mouvement de la petite brindille là-bas, à quelques pas de moi, le battement d'ailes de l'oiseau qui volait au-dessus de ma tête. J'entendais l'air, le bruit de l'air. Peu de gens comprennent cela; ils disent : « Mais qu'est-ce que tu racontes, l'air ne fait aucun bruit! » Je pense quant à moi qu'ils n'ont jamais pris le temps de l'écouter. A condition d'être assez silencieux, il est possible d'entendre l'air, réellement.

Je me souviens à ce propos d'un soir où je rentrais à la maison; je m'étais arrêté sur le chemin à quelques pas de la porte, pour essayer d'imaginer ce que faisait ma grand-mère dans la cuisine, si elle préparait le feu ou s'activait pour le dîner. Je restai dehors, immobile, vraiment concentré, essayant de toutes mes forces d'envoyer l'énergie à l'intérieur. Je devais être là depuis peut-être deux minutes, quand j'entendis soudain la voix de ma grand-mère derrière la porte :

« *Takoja!*[8] Tu ferais bien de rentrer maintenant, il commence à faire froid dehors! »

---

8. « Petit-fils ».

Chapitre 4

Jeux de pouvoir

Mes grands-parents étaient des gens très simples, qui savaient que je devais être élevé d'une certaine manière, très simple, comme eux. Ils se montrèrent spécialement compréhensifs à mon égard et, à ce que j'ai pu en juger comme enfant, ils furent aussi bons avec moi qu'une personne puisse jamais l'être avec une autre. Ils ne m'ont jamais frappé injustement, ni brutalisé; quand il était temps de me corriger, ils me le faisaient savoir, mais jamais ils ne prirent d'objet pour me fouetter, ni ne prononcèrent de phrase dure qui aurait pu me blesser. Quand un Indien doit punir son enfant, il utilise toujours ses mains, jamais de bâton, de ceinture ou quelqu'autre instrument du même genre. Quand l'enfant grandit, il lui explique ceci : « En te donnant une fessée avec ma main, toute la douleur que tu ressens, je la ressens aussi sur ma main. Je me fais mal en même temps que toi. » L'objet que l'on saisit pour frapper témoigne d'un mouvement de colère, d'agressivité. Donc, parce que ce n'est pas un bon enseignement, ce n'est pas une bonne correction. En réalité, en introduisant quelque chose entre vous et lui, vous chassez l'enfant au loin ; avec le contact de la main, vous vous en rapprochez. Le fouet, la cravache, le bâton sont juste bons pour les animaux, pas pour les humains.

Ainsi, j'eus la chance d'être dispensé de ce type de punition... Bien qu'étant un enfant comme les autres, je ne pouvais pas agir tout à fait comme eux car j'étais très impliqué dans les enseignements de mes grands-parents et tenu de les accompagner pour certaines de leurs activités. En ce sens, j'étais un peu spécial. Je restais souvent seul, dans mon coin ; mais si, comme n'importe quel garnement, je parvenais à faire à peu près toujours ce que je voulais, c'était à chaque fois pour apprendre quelque chose à la clé : il me fallait d'abord finir ce que j'avais en tête afin de m'en libérer complètement et de pouvoir m'asseoir, parler, écouter mes grands-parents. Ils m'ont toujours laissé cette liberté, de venir à eux quand je me sentais prêt. J'étais en somme un enfant gâté, l'enfant unique vers qui se porte toute l'attention, l'enfant chéri à qui l'on permet tout.

Un soir, parce que j'avais décidé de passer la nuit dehors, ma grand-mère m'enferma à l'extérieur de la maison. Tout content, je regardai venir la lune et les étoiles. Comme je commençais à avoir froid, j'attrapai au hasard des vêtements qui séchaient sur un fil, dans l'arrière-cour, et les enfilai par-dessus les miens. Au bout d'un moment, j'éprouvai comme un malaise, la sensation d'être abandonné, oublié, réalisant du même coup combien mes grands-parents étaient véritablement pour moi une protection. Quoi que je décidais de faire, ils me laissaient l'accomplir jusqu'au bout, me montrant par là que je devais apprendre et expérimenter tout seul, me montrant également que, s'ils étaient à mes côtés pour l'instant, ils ne le seraient pas toujours. Le lendemain matin, je me réveillai dans le lit de ma grand-mère. Au milieu de la nuit, mon grand-père m'avait trouvé en train de dormir avec les chiens, pelotonné contre eux dans son grand pull-over. Il m'avait sorti de la niche et rentré dans la maison.

C'était donc une relation très spéciale entre mes grands-parents et moi, plus profonde que tout ce que vous pouvez imaginer, plus forte que tout ce que vous pourrez jamais éprouver avec la personne la plus proche de vous dans la vie.

Entre mes grands-parents aussi, en tant que mari et femme, le lien était très étroit. Ils partageaient énormément de choses, allaient ensemble aux cérémonies, aux danses, ou voir des amis, de la famille. Ils étaient si unis qu'à chaque instant de la journée chacun savait où se trouvait l'autre, et ce qu'il faisait. De la même façon, si à quelque propos, mon grand-père était inquiet, ma grand-mère le savait instantanément, et vice versa. Pour exprimer une telle intimité entre deux êtres, nous disons qu'ils sont unis comme « les plumes d'un oiseau en vol », aussi proches que cela. Cependant, en tant qu'individus, ils avaient aussi leur indépendance : en certaines occasions, il y a des responsabilités, un rôle qu'un homme doit tenir et qu'une femme ne peut pas tenir, et inversement. Mais autour de moi, ils se retrouvaient, ensemble, pour m'enseigner ce qui concerne l'homme et ce qui concerne la femme, les deux manières, masculine et féminine, d'être et de penser. C'est ainsi que j'eus l'opportunité – je pourrais dire la troisième opportunité ! – de comprendre ces deux parties à la fois.

Pour ce qui est des deux familles Black Elk et Lame Deer, si elles étaient déjà assez proches, elles le devinrent davantage à cause de l'enseignement qu'elles se réservaient de me dispenser. Et l'importance des traditions prima, d'un côté comme de l'autre, vous allez comprendre pourquoi. Mes grands-pères s'étaient entendus pour que, dans l'année, je passe trois mois chez l'un, trois mois chez l'autre ; mais d'une année sur l'autre, pour que les enseignements varient, les saisons étaient interverties : si par exemple je passais un hiver chez les grands-parents Black Elk, l'hiver suivant j'allais chez Lame Deer, et ainsi de suite. Ma vie s'accorda à ce rythme naturel jusqu'au jour où, à cinq ans et demi, je dus aller à l'école. La raison pour laquelle je n'ai pour ainsi dire jamais rencontré mon père et ma mère avant l'âge de huit ans est que, durant cette période, je ne devais souffrir d'aucune distraction ou perturbation affective pouvant mettre en cause mon apprentissage. Il fallait que je sois totalement disponible pour recevoir la tradition orale, de façon à la transmettre plus tard à mes enfants ; pour que les générations à venir puissent survivre en harmonie, en contact avec la terre, le ciel, le vent, les animaux et toute la création.

Les deux enseignements que je reçus furent sensiblement les mêmes, comme peuvent l'être deux tableaux dépeignant une scène identique, mais coloriée différemment : la base de l'instruction était commune, mais proposée et expliquée par chacun de mes grands-pères de manière particulière. Je pense à deux anecdotes qui illustrent bien cette petite nuance qui, pour moi, était une richesse.

Mon grand-père Lame Deer m'amena un jour devant une fourmilière. Il avait emporté avec lui un peu de poudre extraite d'un champignon, qui nous sert de teinture naturelle. Il prit une de ces fourmis dans ses mains et, à l'aide d'un bout de bois humecté et trempé dans la poudre, il lui fit une petite marque sur le dos avant de la relâcher parmi les autres. A peine libérée, elle prit le chemin de la fourmilière, y descendit, remonta avec un petit caillou qu'elle alla déposer un peu plus loin, à un endroit bien précis. Puis elle repartit, redescendit dans le trou, revint avec un autre caillou, etc. A un certain moment, sur le chemin du retour, elle rencontra une autre fourmi en difficulté, qui tirait un insecte mort; elle s'approcha d'elle et l'aida à traîner la victime dans la fourmilière, pour toute la tribu. Ceci pour comprendre le courage et la force d'une si petite espèce, capable de transporter des corps au moins deux fois plus gros qu'elle. C'était l'image qu'avait choisie Lame Deer.

De l'autre côté, mon grand-père Black Elk me montra comment un écureuil s'y prenait pour construire sa maison; comment d'abord il sautait d'une branche à l'autre de l'arbre, cherchant dans le tronc une faille qui pourrait l'abriter; puis comment, à plusieurs reprises, il allait et venait pour réunir ce qu'il lui fallait de feuillage et de nourriture pour passer l'hiver; et de quelle intelligence, de quelle prévoyance il faisait preuve en agissant ainsi.

L'autre exemple que choisit mon grand-père fut un rouge-gorge. Il me montra comment lui aussi travaillait courageusement pour fabriquer son nid, grapillant par-ci par-là des bois de différentes tailles, de fines brindilles pour tapisser les parois intérieures et la base du nid, des brindilles plus épaisses pour consolider l'extérieur, enfin de l'herbe, pour que le fond soit confortable.

A travers ces deux regards sur la nature, je compris qu'il faut prendre son temps pour construire ce que l'on désire ; il faut être patient pour que les choses soient belles, bien faites, en gardant présent à l'esprit que tout peut être détruit en quelques instants : une grosse pluie, et la fourmilière est emportée, une rafale de vent, et le nid bascule. Mais sachant aussi que l'on peut recréer quelque chose, repartir de rien, continuer sa vie. Car la vie est pleine de possibilités. Et d'une fois sur l'autre, en avançant, on sait, on se souvient, et l'on construit mieux, plus solidement, de manière plus parfaite.

S'il y avait bien une qualité qui caractérisait mes grands-pères, c'était la patience. Quand ils me posaient une question, ce n'était pas pour que j'y réponde immédiatement, ni même dans la journée. Pendant quelque temps, cette question allait m'appartenir, et je partais avec, la tournait dans ma tête jusqu'à ce qu'elle s'éclaircisse. Alors seulement, j'allais les trouver pour leur donner ma réponse.

Ces grands *medecine-men* étaient aussi des hommes très humbles. Je dis humbles dans le sens où ils concevaient et vivaient leur enseignement et leur connaissance dans le même rapport de respect que peut manifester un homme seul face à l'immensité du Grand-Esprit.

Quant à Lame Deer, c'était quelqu'un de très serein. Pour moi, il savait d'avance ce que les autres allaient dire et se contentait d'attendre patiemment qu'ils s'expriment. Si une chose doit être dite, vous attendez qu'elle le soit, vous ne la sollicitez pas ni ne la provoquez. Vous attendez le bon moment. On ne force pas quelqu'un à s'exprimer, j'ai appris cela de lui. Devant un problème à régler, j'y pense, j'y pense, j'y pense. J'envisage peut-être trois manières différentes d'en venir à bout. Mais un jour, quand je me sens prêt, je lui fais face et le résous. C'est le signe que j'ai fini d'y penser, et que le temps d'agir est arrivé. Savoir attendre le moment propice, c'est aussi une part de la patience qui m'a été enseignée. L'essentiel de mon éducation consistait à m'ouvrir les yeux sur ce qui m'entourait, afin que je comprenne quel pouvoir était dans quoi, ou dans qui, et la nature de ce pouvoir : pouvoir de la parole, pouvoir du regard, pouvoir du rire, pouvoir de la tristesse... et puis tous les autres, plus secrets. Si j'ai appris beaucoup dans les cérémonies, ce fut surtout grâce au contact permanent avec mes grands-parents que les leçons firent lentement leur chemin en moi. Aujourd'hui encore, certaines ne font même que commencer à porter leur fruit, car l'apprentissage du pouvoir n'est pas un idéal à atteindre, menant à quelque chose d'achevé dans le temps. C'est au contraire un processus qui évolue. Le pouvoir s'insinue en vous pour ressurgir tôt ou tard, vous réveiller, et vous faire savoir qu'il est temps d'agir et de l'utiliser – de sorte que vous puissiez progresser et qu'il puisse grandir.

Certains jours à la maison, nous échangions à peine une dizaine de mots. Quand ma grand-mère attrapait la dernière bûche pour la jeter dans le poêle, elle me jetait un coup d'œil par-dessus l'épaule pour s'assurer que j'avais bien vu : il me fallait comprendre que c'était mon tour de sortir pour aller chercher du bois dans la remise. Entre nous, cette manière de communiquer était devenue naturelle. Elle tenait à la quantité d'attention que nous nous portions, à l'intimité qui nous liait les uns aux autres. N'avoir à dire que le strict nécessaire et juste regarder pour savoir : pouvoir du regard.

Chacun de mes grands-parents avaient développé avec moi ce mode de compréhension sous forme de multiples jeux, des jeux de gestes comme des jeux de paroles. Là encore, la diversité de leurs caractères et de leur méthode d'enseignement m'enrichissait davantage, et c'est à travers différents niveaux de compréhension que ma sensibilité s'aiguisa peu à peu et que je m'ouvris aux gens et à la vie.

Quand ma grand-mère me disait : « *Mini hecum ho* », « apporte de l'eau », cela signifiait autre chose que « *Mini hunh hecum ho* », « apporte-moi de l'eau ». Ce n'est pas seulement une question de terminologie, mais aussi d'appréciation. De quelle eau s'agissait-il ? De l'eau de pluie, ou de l'eau du ruisseau ? Il me fallait décider. Dans le premier cas, je sortais simplement sur le seuil de la maison, remplissais une tasse dans un grand baril qui se trouvait là, et la lui apportais pour qu'elle se désaltère. Mais quand elle disait : « *Mini hunh hecum ho* », c'était qu'il lui fallait beaucoup d'eau – par exemple pour la cuisson des aliments. Alors, je me munissais d'un seau et courais jusqu'au ruisseau.

Dans notre dialecte, le sens que nous donnons aux mots est toujours fonction des sentiments. Pour dire « je t'aime », nous disons « *cante washte yama kahi* », « tu remplis mon cœur de bonheur ». Nous n'exprimons pas l'amour en soi, mais le sentiment de se sentir bien avec quelqu'un, de sentir battre son cœur. C'est beaucoup plus fort. Tandis que, quand vous dites « je t'aime », on peut toujours se demander après : « Mais comment m'aimes-tu ? » Magie des mots...

Mon grand-père Black Elk avait le pouvoir du *heyoka* [1], du contraire. Quand il me disait « *Ya!* » (« va-t-en! »), je devais comprendre « viens près de moi »; et quand il me disait « *u'wa!* » (« viens »), je savais qu'il valait mieux que je parte. Par jeu, nous parlions souvent *heyoka.*

Mais un jour – j'étais encore tout petit –, il me dit, avec un grand sourire :

« *He li'lo wahta lasni* » (mot à mot : « je n'aime vraiment pas la manière dont tu te présentes »).

– « *Ta'kuca?* » (« quoi ? »).

– « *he li'lo wahta lasni* ».

Il ne m'aimait pas! J'eus soudain très mal et me

1. *Heyoka* : du nom d'un dieu Dakota appelé aussi le dieu « contre-nature », représenté par un vieil homme portant un chapeau à cornes, un arc et des flèches dans une main et un carquois dans le dos. Il va nu en hiver et se drape dans une peau de bison en été. Par extension, *medecine-man* puissant ayant le pouvoir de faire les choses à l'envers, d'où le sens de « clown » en lakota, celui qui, par ses bouffonneries, montre du doigt les fautes et la dérision humaines.

mis à pleurer. Dans mon désespoir, j'avais complètement oublié que c'était le *medecine-man* qui parlait et non plus mon grand-père. En fait, il voulait dire « je t'aime beaucoup, je t'aime vraiment beaucoup, et j'espère que tu comprends qui je suis, et pourquoi je dois me présenter à toi de cette manière ». Ma grand-mère s'approcha et me prit dans ses bras pour me consoler : « *Ina la... ina la...*, c'est fini... c'est fini ». Puis elle s'adressa à mon grand-père :

« Il est temps maintenant qu'il comprenne le sens des mots et le pouvoir que l'on peut mettre dans la parole, quand elle vient du cœur, et non de la tête. »

On peut dire « je t'aime » de façon formelle, ou bien du plus profond du cœur : le sentiment sera différent, mais les mots resteront toujours les mêmes. La puissance que vous leur donnez est ce qui rapproche quelqu'un de vous ou l'en éloigne, ce qui le fait se sentir bien, ou mal à l'aise. Paradoxalement, c'est à partir de ce jeu de mots cruels de mon grand-père que je commençai à comprendre qu'on ne joue pas avec les mots, on ne triche pas avec les sentiments.

Il y eut bien d'autres jeux d'initiation que je ne peux pas vous révéler. On dit que les Chinois ont leurs secrets. Les Indiens aussi ! Cependant, il y en a un que je voudrais vous raconter, c'est celui de l'aura.

Percevoir l'aura d'une personne, d'une plante ou de tout autre organisme vivant permet de déterminer l'énergie, le champ d'énergie qui en émane ; c'est être en mesure de connaître ce que sont les gens sans même les toucher, la nature de leur sentiment, leur humeur du moment et, par voie de conséquence, leurs souffrances, leurs maladies. L'aura est avant tout une projection de la sensibilité : plus elle est importante, plus votre sensibilité, votre activité vitale, est intense. Tout le monde peut voir l'aura de quelqu'un d'autre, ou d'une pierre, ou d'un arbre. Mais ce qui se passe, c'est que notre esprit est sans cesse distrait par une foule d'impressions simultanées qui viennent parasiter celle qui nous importe vraiment, nous empêchant de nous concentrer et nous éloignant d'une perception naturelle significative. Ceci également me fut expliqué de manière anodine, sous la seule forme qu'un enfant puisse véritablement comprendre : un divertissement.

Un soir de pleine lune, mon grand-père me demanda de l'accompagner pour une promenade. On y voyait presque aussi bien qu'en plein jour. La nuit était si claire que l'on distinguait les rochers, la végétation, les cailloux sur le chemin et même les petits animaux qui détalaient devant nous. Nous marchions en silence. A un moment donné, mon grand-père me demanda de cueillir quelques feuilles de sauge et de les mâcher pour me purifier, ce que je fis. J'en gardai le jus dans ma bouche, mais le goût me distrayait. Il était si amer qu'il occupait toutes mes pensées.

« C'est vraiment amer », remarquai-je.

– Ne t'occupe pas de cela, répondit mon grand-père, mais continue à regarder et concentre-toi sur ce que tu fais, parce que c'est ainsi que tu parviendras à voir ce qu'il faut que tu vois, ce que je veux te montrer.

Un peu plus loin, il ajouta :

« Maintenant, marche derrière moi... reste à peu près à deux mètres derrière. »

Je le suivai à distance. Il demanda :

« Regarde autour de moi, regarde le pourtour de mon corps. Est-ce que tu vois quelque chose ?

– Oui, c'est lumineux. C'est comme la lune.

– C'est la lune qui se reflète sur mon aura, sur l'esprit qui est là (et il me désigna de la main la limite extérieure de sa tête et de ses épaules). Le corps est seulement de la matière physique ; tout autour de lui se trouve l'esprit, qui est vraiment nous. *Takoja*, petit-fils, si tu regardes loin devant, vers Saint-Francis, tu verras comme un halo... Ce sont les lumières de la ville.

Il s'arrêta un instant et, me prenant par les épaules, pivota de façon à me faire regarder dans l'autre direction. Il poursuivit :

« Maintenant, regarde là-bas, vers la campagne. Il n'y a pas de lumière, pas de lumière électrique, et pourtant tu peux voir la même lueur. »

Je regardai. Il n'y avait aucun doute. Il s'agissait bien de la même lueur blanche. Mais d'un côté, elle était un peu plus brillante, et de l'autre, plus lumineuse « de l'intérieur », dans le sens où l'éclairage artificiel n'était pas nécessaire : on *voyait* réellement l'aura de la terre.

Bien plus tard, à l'âge de 23 ans, cet épisode me revint en mémoire. J'étais allé retrouver mon oncle Wallace Black Elk, qui vivait alors dans le Colorado, au-delà de Denver, pour participer avec lui à une *Sweat-Lodge*[2]. Après la cérémonie, je m'étais retiré un peu à l'écart sur un mont avoisinant, pour penser à mon grand-père – mort deux ans auparavant – qui était apparu quelques instants plus tôt, pendant la *Sweat-Lodge.* De là où j'étais assis, je regardai la plaine à mes pieds, en direction de l'est. Je me souvins de ce que m'avait dit mon grand-père à propos de l'aura de la terre, combien celle-ci était alors grande et lumineuse, facile à saisir. Mais ce soir-là, en regardant vers l'est, je réalisai à quel point elle était devenue mince. J'eus l'impression d'être le témoin de ce que l'on détruit aujourd'hui dans le monde, de ce qui est emporté et tué, comme l'esprit de cette terre, l'esprit du cycle de vie.

Détecter l'aura était devenu pour moi un jeu très amusant. J'appris peu à peu à en lire les couleurs, qui me renseignaient sur la personnalité des gens : s'ils étaient plutôt physiques, mentaux, émotionnels, ou spirituels.

Mais un jour, je reçus vraiment un coup, un gros coup. Ce fut pour moi un tel choc que je restai hébété pendant au moins deux jours, incapable de penser à autre chose.

Je jouais à cache-cache avec mon grand-père, comme cela nous arrivait souvent. Parce qu'il faisait nuit, il avait pris une lampe de poche. Je l'avais vu disparaître derrière la maison. Après l'avoir suivi quelques mètres, je décidai de rebrousser chemin pour attendre de l'autre côté, caché dans un buisson.

---

2. *Sweat-Lodge*, ou *Inipi* : Rite de purification pratiqué avant chaque cérémonie d'initiation. Voir chapitre 12.

Là, je ne pouvais pas le manquer, car je savais qu'avant qu'il ne tourne au coin de la maison, je verrai le halo de sa lampe. J'attendais dans l'ombre, accroupi et attentif, pensant : « Très bien... quand il passera devant moi, je lui sauterai dessus pour lui faire une peur bleue ! » C'est alors que je vis arriver la « lumière ». Elle devenait de plus en plus claire au fur et à mesure qu'elle avançait vers le buisson. Je m'étais redressé, stupéfait. Elle s'arrêta tout contre moi et je ressentis comme un froid dans tout le corps. Je n'arrivais pas à comprendre ce qui se passait, ni ce que c'était. Puis tout à coup, j'eus tellement peur que je me mis à trembler des pieds à la tête. C'est le moment que choisit mon grand-père pour arriver vers moi et me faire « Bouh ! » en riant. Mais je ne pouvais plus ni parler, ni bouger. J'essayais de piger comment il avait fait, quel était le truc. Alors il se pencha vers moi :

« Tout va bien, fiston ? »

Puis il me ramena à la maison comme un somnambule. A sa manière, cette étrange histoire était un enseignement : pour gagner la partie, mon grand-père avait envoyé son esprit.

Chapitre 5

A l'intérieur du cercle

Dès que je fus en âge de parler ma langue, j'eus pour tâche, tous les jours, de diriger la prière familiale. Même s'il s'agissait d'une prière très simple, c'était déjà pour moi une grande responsabilité. A mesure que je grandis, mes grands-pères m'assignèrent d'autres devoirs, notamment durant les cérémonies. J'avais trois ans et demi quand j'accompagnai pour la première fois mon grand-père à l'une d'elles.

En général, je me tenais silencieusement à ses côtés, le regardant faire pour me familiariser avec le rituel. Parfois, d'un signe, il me demandait de l'aider. C'est ainsi que j'appris les différentes choses inhérentes à chaque type de cérémonie.

Pendant le *Lowampi,* l'appel aux esprits, mon rôle était de tenir le chien pendant qu'on le tuait. Ce sacrifice ne se pratique plus de nos jours, mais c'est à lui que l'on doit d'avoir été qualifiés de « mangeurs de chien » par les Blancs. Il ne faut pas oublier que depuis toujours, bien avant l'arrivée du cheval, le chien fut notre plus fidèle ami. Nous le tuions et le mangions de manière sacrée, sacrificielle. Donc moi, je devais le maintenir pendant qu'on lui traçait une marque rouge de la tête à la queue. Puis on lui assenait un coup sur la nuque avant de l'étrangler avec une corde. Je le sentais partir entre mes mains... et j'adore les chiens. Mais il me fallait en passer par là.

En d'autres occasions, mon grand-père me demandait de dresser l'autel. Les gens étaient assis en rond dans la pièce, le long des murs, formant le cercle extérieur. L'autel était élevé au centre. On commençait par brûler de la sauge, du cèdre et de l'herbe de bison. L'atmosphère était très vite enfumée, mais c'était pour nous une bonne fumée, une bonne odeur. Pour aider mon grand-père, j'apportais les objets sur l'autel et les arrangeais comme je l'avais vu faire de nombreuses fois. J'agissais de manière très traditionnelle. Les anciens qui me regardaient évoluer autour de l'autel croyaient avoir affaire à un tout petit vieil homme : je me déplaçais très lentement, prenais mon temps pour disposer les choses, repartait, revenait pour vérifier que c'était bien. Ils m'avaient appelé *Chtala,* « le vieil homme ». Il est vrai qu'à cette époque, on me confiait des charges qui n'étaient pas de mon âge et que je passais mon temps avec des personnes beaucoup plus âgées, pour la plupart amies de mes grands-parents. Probablement à cause de cela, j'apprécie toujours la présence des vieilles personnes et communique très facilement avec elles. Peut-être est-ce aussi mon rôle, de servir de messager auprès d'elles pour les plus jeunes et les générations à venir.

Mais il y a une autre raison pour laquelle on m'avait surnommé « le vieil homme ». J'avais en moi déjà la patience que m'avaient inculquée mes grands-parents. Et c'est un événement singulier qui m'en fit prendre conscience.

J'étais parti tôt le matin afin d'aller chercher de l'eau à la source pour ma grand-mère. J'ignore pourquoi, cette fois-là je décidai d'emprunter un autre chemin et de prendre un raccourci à travers bois et collines. En fait, le passage s'avéra plus escarpé que je ne le pensais, et je dus ralentir la marche. J'avançais en regardant par terre lorsque j'aperçus un de ces gros champignons qui servaient autrefois en médecine pour soigner les blessures. En vieillissant, ces champignons se décomposent intérieurement en une poudre brunâtre qui, appliquée sur les plaies, stoppe l'hémorragie. Cette poudre était utilisée pour ses vertus stérilisantes et cicatrisantes. Ayant donc remarqué ce champignon, je m'apprêtais à le ramasser quand j'entendis dans mon dos un bruissement. Je m'immobilisai, l'oreille tendue, et vis une biche s'approcher tout doucement. Elle était seule. Sans un bruit, je m'accroupis et écartai les grandes herbes qui me gênaient. A quelques mètres de moi, elle décrivit quatre cercles de plus en plus resserrés pour bien tasser l'herbe, puis se coucha sur ce lit de fortune. Je me demandais ce qui pouvait bien lui arriver pour qu'elle exécute un si étrange ballet. Peut-être était-elle blessée ou malade. Elle était si près que je pouvais entendre son souffle bruyant, saccadé. J'eus soudain l'impression de la sentir parfaitement, confondu à ses battements de cœur de plus en plus rapides, à sa respiration haletante. J'étais fasciné, quelque chose de spécial allait se dérouler sous mes yeux, je le savais. Elle se retournait souvent pour regarder sa queue. Il ne fallait pas que je bouge; elle et moi, nous attendions.

Ce fut la tête qui sortit en premier, comme une bulle qui éclate, puis le reste du corps suivit. Un petit faon était né, encore tout collé, avec ses taches claires sur le dos. La mère releva la tête, l'observa un instant, et commença par se nettoyer. Ce n'est que lorsqu'elle eut fini qu'elle s'occupa du petit, longuement. Je le vis se redresser et tenter maladroitement, à plusieurs reprises, de se maintenir debout. Pour moi, toujours immobile, cette naissance secrète dont je venais d'être témoin était un privilège. Je la reçus comme un véritable cadeau de la nature. J'étais mille fois remercié de ma patience.

Le soleil était déjà haut quand j'assistai à l'éveil du faon, ses premiers pas hésitants vers la mère pour têter. A mesure que son poil séchait, il semblait puiser dans l'énergie du soleil la volonté de réagir à la vie. La biche, de son côté, récupérait ses forces en mangeant l'herbe alentour. C'était dans l'ordre du mouvement de la nature, ce jeune faon qui s'accordait spontanément au rythme de sa mère.

Ce jour-là, je réalisai la faculté de concentration dont j'étais capable. Avec mon regard d'enfant, j'avais saisi la dépendance étroite de la mère et du petit, en même temps que l'extrême liberté de l'un par rapport à l'autre. Elle devait le fortifier, le préparer à la vie qui les séparerait fatalement un jour ou l'autre. C'est une des raisons pour laquelle, chez nous, les mères et les grands-mères sont si importantes : nous les respectons parce que ce sont elles qui donnent la vie.

A aucun moment, je ne vis le cerf.

De par leur culture, les Indiens d'aujourd'hui continuent à participer à de nombreuses cérémonies que l'on pourrait classer un peu formellement en trois catégories : les cérémonies religieuses ou initiatiques, les cérémonies sociales, et les cérémonies de guérison.

Les cérémonies religieuses permettent à l'individu d'établir une communication avec le monde des esprits. Ce sont principalement la Quête de Vision, la *Sweat-Lodge* (loge à sudation) et la Danse du Soleil [1].

Les cérémonies sociales, que nous appelons *pow-wow*, sont des rassemblements plus ou moins importants au cours desquels la danse tient une place prépondérante. Ils se déroulent à différentes époques de l'année, principalement au début et à la fin de l'hiver ainsi qu'aux solstices. Mais on en organise aussi à l'occasion de fêtes traditionnelles telles que Noël ou le jour de l'an. Les plus spectaculaires sont ceux qui marquent la fin des grands froids et l'arrivée du printemps, le renouveau de la nature après le sommeil de l'hiver. Si chaque réserve organise annuellement ses propres *pow-wow*, le plus important a lieu tous les ans en avril à Denver (Colorado). Là se trouvent réunies pour quelques jours toutes les nations, toutes les tribus, et n'importe qui peut entrer dans le cercle [2].

---

1. Rites initiatiques majeurs. Voir respectivement les chapitres 14, 12, et 7.
2. Dans le cas de certains rites – tels que la Danse du Soleil –, seuls les danseurs et les futurs initiés se trouvent à l'intérieur du cercle sacré, l'assistance se tenant à l'extérieur.

C'est pour nous l'occasion de nouer des liens et de revoir des parents qui vivent loin, dans d'autres réserves.

Ces cérémonies permettent à chacun d'exhiber ses plus beaux costumes, jambières, mocassins, jupes brodées et chemises en peau traditionnelles. On vient se montrer, faire des échanges, offrir des cadeaux. Car dans ces *pow-wow*, il s'agit d'apparaître sous son meilleur jour, d'afficher sa fierté et sa générosité. En dansant, par le mouvement et le maintien du corps, chacun tend à s'exprimer sincèrement – pour notre peuple, l'expression de soi est essentielle. Mais s'il faut être le plus majestueux, cela ne veut pas dire que l'on cherche à être mieux, ou meilleur, que l'autre; c'est lui signifier, par sa prestance : « je possède de belles choses, je porte un habit magnifique, et ensemble nous pourrions être magnifiques ».

Les danseurs sont coiffés de plumes d'aigle nouées sur un *pecha* – un bandeau fait de piquants de porc-épic –, les danseuses sont coiffées de plumes de duvet : pour les hommes le plumage extérieur, pour les femmes le plumage intérieur. Ces plumes leur ont été données en signe de remerciement, de pouvoir, ou pour une action d'éclat. Elles montrent que l'esprit est là, en même temps qu'elles expriment la gratitude et la joie de danser.

Dans les *pow-wow*, hommes et femmes ont les cheveux tressés, afin de préserver leur force. La tresse représente le corps, le mental et l'esprit conjugués. Avant d'entrelacer les trois mèches de cheveux, nous adressons cette prière : « Corps, mental, esprit, devenez moi, devenez forts ». Les femmes ne portent qu'une seule natte sur le côté; les hommes en ont trois, une de chaque côté et une au sommet de la tête qui, vue d'en haut, forme un cercle. Les nattes latérales symbolisent le physique et le mental, la dernière l'esprit, qui se manifeste et se déplace toujours de façon circulaire.

A l'intérieur du cercle sacré, les danseurs s'affrontent dans une sérieuse compétition au cours de laquelle ils font valoir leur endurance et leur agilité. Si cette compétition a toujours existé dans les *pow-wow*, elle était autrefois plus subtile dans le sens où il s'agissait davantage d'un défi engagé avec les joueurs de tambour, chaque danseur s'efforçant de respecter parfaitement le rythme imposé par ceux-ci. La manière traditionnelle d'avancer en balançant tout le poids du corps d'un pied sur l'autre doit exprimer l'assurance et la fierté. « Si tu observes bien comment se comporte le coq au milieu des poulets de la basse-cour, la tête dressée, mobile, le corps tendu, tu comprendras comment il faut bouger », disait mon grand-père. « L'essentiel est d'avoir l'air concerné par ce que tu fais, par ce que tu représentes... d'être sérieux et attentif. » En somme, pour être un bon danseur, il faut porter sur soi l'arrogance et la supériorité du coq, montrer sa différence. Plus on se tient cambré, plus le torse est bombé, et c'est ce qui compte. A cette époque, tout le monde pouvait danser, même les tout petits sachant à peine marcher. Dans les *pow-wow* d'aujourd'hui, on en voit encore certains se faufiler au milieu des grands. Ils sentent l'énergie qui voyage dans le cercle, et sont attirés vers le centre. Même quand on ne connaît ni la musique, ni la danse, on est pris par le rythme et l'on se met à bouger. Car l'esprit est là, *Skan*, le mouvement, est là.

Maintenant, les choses sont un peu différentes. Tout a commencé à changer à partir de la fin des années soixante, lorsque le système de compétition des *pow-wow* a été sciemment développé, et que les danseurs professionnels ont commencé à concourir pour de l'argent. L'argent a modifié la tradition. On a vu apparaître des « danseurs-fantaisie » dans des costumes très colorés et extravagants. La fête est organisée comme un show, un spectacle visant la performance au cours duquel les danseurs s'affrontent dans une rivalité sans pitié. C'est le cas par exemple à Denver, pour la grande fête du printemps, où l'espoir d'être finaliste a peu à peu supplanté dans les mentalités le plaisir initial de la danse.

Nous avions autrefois ce que l'on appelle la Danse de Guerre, une danse très rapide requérant une extrême agilité. On mimait le combat. Il s'agissait, par des mouvements saccadés de tout le corps, de montrer à la fois sa souplesse et sa force. On exécutait différentes figures au rythme des tambours qui allaient en s'accélérant, puis qui soudain s'arrêtaient net : il fallait faire preuve d'excellents réflexes et s'immobiliser exactement en même temps, les deux pieds à terre. Puis la musique reprenait lentement, s'accélérait, s'arrêtait... et reprenait. C'est ainsi que les joueurs de tambours testaient les danseurs, et que s'établissait le jeu entre eux. Car s'il y avait un groupe de huit ou dix très bons danseurs, il n'était pas rare qu'une rivalité naisse entre eux et les joueurs de tambour. Il y avait même parfois rivalité entre les musiciens, et c'était à celui qui battrait son tambour le plus vite. Et il fallait suivre ce rythme effréné, montrer que l'on dansait aussi rapidement, et même plus encore. Il fallait vraiment être en forme pour participer aux Danses de Guerre, c'est pourquoi les concurrents étaient surtout de jeunes guerriers. Mais ils n'étaient là que pour prouver et remettre en question leur force, leur endurance et leur agilité, en dansant selon leur cœur et leur inspiration.

Dans les *pow-wow*, durant la représentation, il arrive parfois qu'un danseur ou une danseuse perde une des ses plumes, et que celle-ci tombe à terre. Comme les pierres et la pipe sacrée, les plumes d'aigle sont pour nous des objets de pouvoir. Elles portent en elles l'esprit de l'aigle et nous aident à garder vivant son pouvoir [3]. Au sens spirituel, quand cette plume touche le sol, son pouvoir retourne à la terre. L'énergie s'y disperse et se diffuse aux quatre points cardinaux. Mais heureusement, le cercle sacré limite cette dispersion, et une danse de pouvoir permet de ramener l'énergie dans la plume.

Dès que cette plume tombe, la musique s'arrête, les danseurs s'écartent. Quatre d'entre eux vont alors devoir capturer et concentrer l'énergie : venant des

---

3. Ces plumes proviennent en général d'un aigle vivant. Ce sont le plus souvent celles de l'aile qui décorent les costumes modernes, bien que, traditionnellement, on considère que les plumes centrales de la queue ont plus de pouvoir. Lorsqu'une plume provient d'un aigle mort, il est possible de lui « rendre la vie » en la confiant à un *medecine-man* qui doit la bénir et l'utiliser lors d'une cérémonie. Ce faisant, il la transforme en lui réinsufflant le pouvoir de l'aigle vivant.

quatre points cardinaux, ils se resserrent peu à peu autour de la plume pour refouler l'énergie vers elle. Et il y a quatre chants, ou plus exactement un chant en quatre parties. Après chaque strophe, les danseurs marquent une pose et vont, à tour de rôle, « porter un coup »[4] à la plume. Lorsque chacun d'eux a « porté son coup », on considère que l'esprit est revenu. Il ne reste plus qu'à faire bénir la plume par un *medecine-man*, une *medecine-woman* ou un ancien, avant de la rendre à son propriétaire. En remerciement, celui-ci offre un cadeau aux quatre danseurs grâce auxquels le pouvoir de l'aigle lui a été rendu.

Il arrive fréquemment qu'une plume tombe, et les cadeaux donnés en échange sont parfois magnifiques. Qu'il s'agisse d'une robe brodée ayant demandé des semaines de travail, d'une couverture en patchwork, de mocassins décorés de perles, etc, rien n'est trop beau en guise de remerciement. Aujourd'hui, on offre parfois de l'argent, cinq, vingt, ou même jusqu'à cent dollars. J'ai vu partir comme cela des choses splendides, dans la plus grande simplicité : ce geste de compréhension est une manière très traditionnelle de montrer que l'on reconnaît l'esprit, l'essence, et que l'on n'accorde que peu d'importance aux objets. J'ai vu une femme offrir sa somptueuse robe de cérémonie en peau tannée; un homme, visiblement très attaché au costume traditionnel qu'il portait et qui avait été cousu pour lui,

4. Ce geste est un rappel d'une tradition guerrière consistant à tuer symboliquement l'ennemi avec son « bâton à coup ». Comme dans certains arts martiaux, cette immobilisation sans violence était une façon de porter le combat à son plus haut degré de technicité et d'honneur.

tendre aux danseurs les clés de sa voiture... C'est une belle manière d'agir, une manière très sacrée.

Donner en retour, ou *Give Away*, est une coutume qui se pratique beaucoup chez nous, même lors de rituels sociaux plus restreints, plus familiaux : un mariage, une cérémonie d'adoption ou d'attribution du nom.

Le nom spirituel, qui est utilisé dans toute célébration religieuse, peut être donné par un *medecine-man* dès la naissance, comme ce fut le cas pour moi. On peut aussi l'obtenir à la suite d'une quête de vision. Mais le plus souvent, il vous est accordé par un *medecine-man* quelques années après la naissance, à la demande de votre famille. Comme je l'ai déjà dit, ce nom vous sert de clé d'accès et de protection dans le monde spirituel. Il peut signifier par exemple que, durant telle cérémonie, l'esprit de Good Fox est présent parmi nous. Qu'il soit la reconnaissance d'un esprit déjà disparu [5], ou l'expression d'un esprit qui se manifeste sous une forme particulère au moment de la naissance, le nom spirituel a toujours une signification : Two Elk, Little Bear, etc., même si certaines coïncidences donnent parfois de curieux résultats. Je me souviens d'un *medecine-man* qui s'appelait Jo Flying By [6]. Je me suis toujours demandé ce qui avait bien pu passer par là au moment où il a fallu lui choisir un nom : une étoile ? une volée de flèches ? une casserole ? une paire de mocassins ? Cela laisse rêveur... Et plus encore, quand on pense à tout ce

---

5. En général, ces noms se perpétuent dans la même famille, ils en sont l'héritage. Mais si la famille s'éteint, le nom peut être repris par un parent éloigné s'il peut prouver, devant le cercle des anciens, qu'il en est digne.

6. Mot à mot : Jo Volant-par-là.

que Flying By peut signifier, on imagine ce que cet homme a dû réaliser dans sa vie pour que ce nom soit honoré et transmis aujourd'hui à un autre.

Le nom est donc donné par un *medecine-man* au cours d'une cérémonie. Pour marquer l'événement, on noue dans les cheveux de l'enfant – garçon ou fille – une plume de duvet d'aigle symbolisant le souffle de Wakan Tanka, le Grand Mystère. Par la suite, il la conservera avec lui pour qu'il se souvienne que l'esprit lui a été transmis. Puis on bénit ce nouveau nom par une prière. La cérémonie se termine par un *Give Away* organisé par la famille pour remercier tous les témoins et amis venus se joindre à elle.

Le *Give Away* est aussi ce qui clôture le rite d'adoption, ou *Yunka*. Il y a différentes formes d'adoption. Quelqu'un peut chosir d'adopter un frère ou une sœur, dans un sens spirituel; une famille peut adopter un *medecine-man*, ou un *medecine-man* peut adopter un membre de la famille. Là encore, pour honorer ceux qui sont présents et pour que ce jour reste gravé dans les mémoires, on organise une grande fête où l'on offre un repas à tous les invités.

En effet le *Give Away*, ou *Watecha*, est une distribution de nourriture – littéralement cela signifie venir à une fête et remplir son bol *(watecha)*, c'est-à-dire emmener avec soi une partie de la fête. Là, les gens font ce qu'ils veulent. Certains repartent chez eux avec le bol plein, d'autres mangent sur place, discutent et restent parfois jusqu'au soir. Mais la tradition du *Give Away* ne répond pas seulement à l'idée de passer un bon moment ensemble et de rendre la journée inoubliable. Elle répond aussi à la généreuse conviction que la nourriture, plutôt que d'être jetée, doit être distribuée à tous ceux qui peuvent en avoir besoin. Le *Give Away* moderne remplace une coutume qui était encore en usage dans les années soixante à l'occasion des cérémonies du nom et de l'adoption, et qui consistait à offrir, non pas de la nourriture, mais un cheval. Après la célébration, un membre de la famille – figurant l'enfant baptisé ou adopté – arrivait à cheval au milieu du cercle des invités, mettait pied à terre et, par une claque sur la croupe, faisait partir l'animal au galop. Celui qui, le premier, parvenait à le rattraper en devenait propriétaire. Bien sûr les gens venaient nombreux corde à la main et, jusqu'au lâcher du cheval, l'excitation était à son comble. Cette ambiance d'attente impatiente était due en partie à l'espoir de passer la corde au cou du cheval, en partie à la reconnaissance de l'esprit qui est symboliquement manifesté.

A propos de ce rite, rien ne pourra mieux vous faire comprendre ce que représente pour nous l'amitié d'un frère d'adoption, que l'histoire de Kola.

Il y a très longtemps deux jeunes garçons, deux amis inséparables avaient l'habitude de faire ensemble les quatre cents coups, et partageaient tout. Autant l'un était agressif, rapide, extraverti, et agissait souvant sans réfléchir, autant l'autre était calme, mesuré ; il venait toujours en second et devait penser pour deux. Un jour qu'ils s'étaient éloignés du camp, ils se retrouvèrent devant une grotte qu'ils ne connaissaient pas.

« Entrons, dit Kola.

– Non, ça ne me paraît pas être une bonne idée, répondit l'autre un peu effrayé.

– Tu as peur, hein ? Tu n'es vraiment pas courageux pour un futur guerrier... D'ailleurs tu n'en es pas un, tu es seulement un *winkte* [7], tu es une fille.

– Non, je ne suis pas un *winkte*.

– Alors, viens avec moi ! J'entre le premier.

– Je ne sais pas si je te suivrai...

– Allons-y. »

Et ils pénétrèrent dans la grotte. Plus ils avançaient, plus il faisait sombre. Soudain, Kola trébucha sur quelque chose et hurla. Il avait réveillé un ours qui se jeta sur lui et le tua. Son ami rebroussa chemin aussi vite qu'il le put et courut au village alerter ses parents.

« Hé ! Venez vite ! Kola est là-haut, il a été attaqué par un ours dans une grotte ! »

Pendant que son père rassemblait les guerriers du village, le jeune garçon se précipita dans son tipi, saisit le couteau, l'arc, les flèches, la longue lance de son père, et disparut. Quand tous les guerriers furent réunis, ils commencèrent à parler, parler, jusqu'à ce que le chef demandât à voir le jeune garçon. Alors, un vieux *medecine-man* chuchota :

« Chut... Taisez-vous... Écoutez, écoutez bien. »

On entendait au loin une petite voix qui s'approchait, qui descendait le long de la montagne. Le jeune garçon chantait « Kola... Kola ». Et tous le

---

7. Un *winkte* est un homme ayant des composantes féminines. Par leur sensibilité, les *winkte* qui sont *medecine-men* peuvent s'avérer d'habiles psychologues grâce à leur connaissance innée des problèmes spécifiques masculins et féminins.

virent s'avancer vers eux, ensanglanté, le couteau dans une main, la tête de l'ours dans l'autre. Il chantait toujours quand, parvenu devant le chef et le *medecine-man*, il leur dit :

« Kola mon ami est parti quelque part, il s'en est allé. »

Puis il tomba à leurs pieds et mourut.

Le vieux *medecine-man* s'adressa alors aux guerriers :

« Vous tous qui m'écoutez, vous croyez que vous êtes amis, quand vous ne savez même pas qui vous êtes, qui sont vos amis. Regardez... En retournant dans la grotte pour tuer l'ours, ce petit homme, bien plus jeune que vous, a donné sa vie pour son ami ! »

Depuis, *kola* signifie ami, mais un ami au sens spirituel, mental, physique. Je suis ton *kola*, ton ami. Cela veut dire qu'un jour, à l'heure venue, tu mourras. Tes enfants auront besoin de l'image de leur père pour continuer à vivre. Je prendrai soin des tiens, je me consacrerai à eux, je serai leur guide, leur tuteur. Voilà quel est le véritable sens du mot *kola*, c'est que je donnerai ma vie pour ta vie, et ta famille deviendra la mienne. Et si un jour j'ai une femme, des enfants, et que je vienne à disparaître, j'attends de ta part le même sacrifice. *Kola*, ami. Mais bien plus qu'un ami, un ami pour la vie.

Outre les cérémonies sociales et religieuses, nous célébrons des cérémonies de guérison à l'occasion desquelles nous faisons appel à tel ou tel genre de *medecine-man*. Il faut préciser qu'un même *medecine-man* peut conduire différentes sortes de cérémonies – comme une *Sweat-Lodge* ou une Danse du Soleil, et être à la fois *pejuta, yuwipi* et même *heyoka*. Mais tout aussi bien, ces spécialités peuvent ne correspondre qu'à des étapes dans son cheminement. Ce qui se passe dans les faits, c'est que certains sont plus particulièrement reconnus pour leurs talents dans la *medecine* des herbes, d'autres pour la *medecine* des pierres, etc.

Le *pejuta* soigne avec les herbes. Il doit être en mesure de déceler la véritable nature du mal, et de prescrire au malade l'ingestion, l'application ou l'inhalation de la plante ou de la racine adéquate. Mon grand-père White Bird était un grand herboriste. Il savait où, quand, comment prélever les meilleures plantes de sorte qu'elles aient le plus grand pouvoir, et parvenait à faire partager aux autres le respect qu'il leur portait. Je l'ai accompagné deux ou trois fois à des cérémonies de guérison, ce que d'ordinaire il ne me permettait pas : il craignait en effet qu'à cause de mon jeune âge la maladie ne retombe sur moi. Les *medecine-men* sont si forts qu'ils peuvent prendre sur eux les mauvaises énergies, et s'en dégager. C'est à cela que l'on reconnaît leur pouvoir, à ce qu'ils peuvent assumer, aux forces négatives qu'ils peuvent attirer sur eux pour soulager le malade, et à la manière dont ils les transforment en quelque chose de plus positif. Mais lorsqu'un enfant assiste à une guérison, il faut être très prudent ; même s'il ressent la présence de la maladie, il est tellement pur et innocent qu'il ne sait pas comment s'en défendre, ni la transformer en lui et l'expulser. Ce qui est vrai pour les maladies l'est aussi pour les accès d'humeur – colère, peur, angoisse –, les mauvaises influences ou impressions projetées par autrui. Lorsqu'il est en contact avec une de ces formes quelconques de négativité, le *medecine-man* l'attire sur lui et se retire dans un lieu isolé pour s'en libérer, la rendre à la terre. En l'offrant par exemple à un arbre, il va faire en sorte qu'elle n'aille pas plus loin, mais descende de l'arbre à la terre, qui la régénèrera. Il existe d'autres moyens de purifier cette énergie, en priant ou en brûlant de la sauge. Mais pour celui qui, comme l'enfant, ne *sait* pas, il est toujours dangereux de capter la maladie ou toute autre énergie venant d'autrui.

Il y a des cérémonies où l'on chante pour faire venir les esprits et établir la communication avec eux. le *Lowampi* [8] est pratiqué pour aider quelqu'un à résoudre un problème particulier, et la présence d'un *medecine-man* en tant qu'intermédiaire entre le monde physique et le monde spirituel est indispensable. Dans le noir, il appelle les esprits – qui manifestent leur présence sous la forme de petites étincelles de lumière –, engage le dialogue avec eux et traduit ensuite leur réponse à la personne concernée.

Le *Yuwipi* [9] est une autre cérémonie de guérison au cours de laquelle un *medecine-man* se donne en offrande aux esprits pour soigner son malade. (D'ailleurs, *yuwipi* désigne également le *medecine-man* qui pratique ce rite lié aux pierres sacrées.) Le *Yuwipi* commence par une offrande de tabac et par des prières accompagnées d'un sacrifice ou d'une

8. En lakota : chant rituel.
9. *Yuwipi* signifie empaqueté, ficelé.

offrande. Le *medecine-man* se tient au centre, enroulé et ficelé par le malade dans une couverture (autrefois une peau de bison). C'est comme si, soustrait à notre monde physique par ces liens apparents, il était enveloppé dans le monde spirituel. Appelés par les prières, les esprits viennent détacher le *medecine-man*, libérant en même temps le malade des nœuds qui l'oppressaient. Ou bien ils se manifestent à lui en lui révélant ce qu'il doit savoir pour soigner. Tout cela se passe également dans l'obscurité, car les esprits qui investissent le *medecine-man* pour lui montrer dans quel état est le corps du malade peuvent être effrayants. Voilà pourquoi, si on les entend, en aucun cas on ne doit les voir. Si toutefois cela se produisait, le secours du *medecine-man* serait indispensable pour effacer l'empreinte émotionnelle que peut laisser, en tout homme normal, une telle vision.

Cette cérémonie comporte aussi des risques pour le guérisseur car, pendant un moment, sa vie ne lui appartient plus. Pourtant, à ma connaissance, jamais aucun d'eux n'est allé dans l'autre monde sans en revenir.

Parmi nos *medecine-men*, le *heyoka* tient une place un peu à part et peut assister ou officier à n'importe quelle cérémonie. Le *heyoka* est quelqu'un qui agit et parle à l'envers. Pour que sa *medecine* soit efficace, il faut donc savoir à qui l'on a affaire, s'adresser à lui d'une certaine manière et être en mesure de le comprendre correctement. Dans ce cas, il peut s'avérer un très grand *medecine-man*, parmi les plus puissants. Mais si on oublie qui il est, ou si on sous-estime son pouvoir, on peut être dérouté par ses réactions ou même sérieusement blessé par ses procédés. Si vous vous adressez à un *heyoka* pour qu'il fasse venir la pluie et le tonnerre, pesez bien vos mots, de crainte d'avoir à endurer une sécheresse et un soleil encore plus intenses. Au cours des cérémonies, il se joue des autres et de la façon normale d'agir, ne faisant qu'exprimer, par sa logique à lui et sa dérision, le respect qu'il porte aux manifestations du sacré. Il sait comment exploiter l'ombre pour mieux mettre en valeur la lumière. Il peut se laver avec de la boue et se sécher avec de l'eau, porter un bandeau noir dans la journée pour recréer la nuit. Ce n'est pas si facile. Rien que d'avancer à reculons n'est pas si simple... mais ce n'est pas impossible. Rien n'est impossible à moins que vous ne pensiez que ça l'est. Mais faire tout à contretemps, vivre à l'envers, c'est choisir la voie la plus dure pour se prouver qu'il est possible d'aller toujours plus loin en violant les limites de la raison. En ce sens, le *heyoka* est unique, car son pouvoir ne repose sur rien de connu. Souvent les gens ne savent pas quoi penser de lui, ni comment réagir à son absurdité.

Chapitre 6

Il n'y a pas de futur sur la réserve

Avant, je ne savais même pas que nous vivions sur une réserve et qu'il existait autre chose en dehors. J'ai commencé à prendre conscience du monde extérieur à l'école, en ouvrant les yeux sur ce grand continent dont on nous parlait sans cesse, l'Amérique.

Ce fut dans la bouche de mon grand-père que j'entendis pour la première fois prononcer le mot *réserve*. Il discutait avec un de ses amis quand il déclara :

« Oui, la vie est très dure ici, sur la réserve. »

Cette phrase me déconcerta. Pour parler de notre pays, on employait en général les mots « village », ou « terre », et cette fois-ci, je ne fus pas sûr qu'il s'agissait bien de la même chose. Par la suite, ce mot revint si souvent à mes oreilles qu'il devint naturel.

L'ami de mon grand-père répondit :

« ... Sortons d'ici. Nous reviendrons plus tard. »

Je comprends maintenant ce qu'ils voulaient dire. La réserve est comme un monde en soi, un monde clos à l'intérieur d'un autre monde. Pour les Indiens, entrer et sortir de ce monde fait partie de leur quotidien, c'est même un sujet de plaisanterie et de distraction. Quant à faire sa vie à l'extérieur, c'est une autre question, une véritable gageure. Pour la plupart, c'est impensable. Quelques-uns sont partis et ont réussi, mais beaucoup ont essayé et sont revenus.

Une fois dehors, on réalise que notre peuple est une des plus petites minorités – sinon la plus petite – des États-Unis, et on comprend mieux le sentiment des Américains à notre égard. C'est principalement autour des réserves que les Indiens ne se sentent pas en sécurité, et il est rare qu'ils s'y aventurent seuls : ils partent toujours à plusieurs dans une de ces grosses voitures déglinguées que l'on croise souvent sur les routes. Habituellement, ils font savoir la veille, à la famille ou à des amis, qu'ils doivent se rendre à Valentine [1] ou dans une de ces villes frontière, et la plupart du temps, un cousin ou un voisin disponibles sont prêts à les accompagner. Ils peuvent ainsi se surveiller les uns les autres et se porter secours s'il arrive quelque chose, car il y a aujourd'hui encore, trop souvent, des disparitions ou des « accidents » mortels. Réciproquement, peu de Blancs vivent sur le territoire de la réserve. Si quelques-uns viennent y travailler – parce qu'ils possèdent des commerces ou louent des terres de culture et d'élevage –, très peu y habitent.

---

1. *Valentine*, dans le Nebraska, est la ville la plus proche au sud de la réserve de Rosebud. *(N.d.E.)*

Certains Indiens portent des noms d'origine allemande ou française, par exemple des Debray, des Poisseux, des Bordeaux. Ils descendent de familles de « sang-mêlé », dont le métissage remonte aujourd'hui si loin qu'ils sont complètement intégrés. L'un des très bons amis de mon grand-père s'appelait Bill Schweigman; il fut son apprenti et devint plus tard lui-même *medecine-man*. Pour ceux qui sont plus récemment métissés, et par conséquent moins bien assimilés, la vie est vraiment difficile. Il est déjà dur d'être Indien, mais c'est encore plus dur de l'être à moitié. Ceux qui ont du sang blanc, noir ou jaune sont toujours en butte à des réflexions venant de part et d'autre, des Indiens comme d'autres communautés. Je me souviens qu'à l'école, on plaisantait en les taxant de « demi-Indiens » ou de « demi-Sauvages », ce qui, par la force des choses, créait des clans au nom de je ne sais quel pourcentage de sang indien. Nous qui sommes déjà si peu nombreux... C'était absurde.

Lorsqu'on se trouve à l'extérieur, cette étiquette d'Indien est difficile à porter. On a tellement écrit sur nous, tellement raconté d'histoires, qu'il y a comme une énorme méprise. Je me demande souvent quel film passe dans la tête des gens quand ils me regardent si fixement. Dans la rue, j'ai parfois l'impression d'être une page d'histoire qui marche, une légende qui change de trottoir. Certains vont même jusqu'à m'interpeller : « Vous êtes bien un Indien ? Un vrai ? » Cela me fait « flipper » à chaque fois, parce qu'ils voient l'Indien avant l'être humain. Ils ne comprennent pas que j'ai besoin de vivre avant tout, comme n'importe qui. Pour eux, l'image passe avant le respect, et c'est ce qui reste de toute cette littérature sur nous.

C'est là, je pense, une des raisons pour laquelle la majorité des Indiens qui tentent d'aller travailler à l'extérieur reviennent tôt ou tard. Aux abords immédiats de la réserve (dans un rayon d'environ 50 à 100 miles), il n'y a pour ainsi dire aucune possibilité de travail, car les ranchers ont toujours tout fait pour nous tenir à l'écart de leurs activités. Il nous faut aller plus loin, dans les grandes villes, dans d'autres États. Certains d'entre nous bénéficient d'une aide accordée par le B.I.A. [2] pour se loger et trouver du travail. Cette aide, appelée « re-location » a pour but de faciliter l'assimilation des Indiens hors des réserves. Le B.I.A. leur alloue un appartement, facilite l'obtention d'un travail pour l'homme et pour la femme, donne une aide pour la scolarisation des enfants. C'est bien, et ça marche! Seulement voilà : hormis le fait qu'ils ont souvent un travail mal rémunéré, ils doivent supporter tout seuls leur « india-

---

2. Bureau of Indian Affairs. Organisme fédéral agissant directement sous l'autorité de Washington. A l'échelon de chaque réserve, le B.I.A. a un représentant chargé de l'administration de l'agence de la réserve. Par le biais de cet organisme, les Indiens relèvent uniquement de la loi fédérale, et échappent aux lois en vigueur dans les États, ce qui constitue une protection pour eux et pour leurs territoires.

En 1953 fut votée le « Termination Act », loi qui proposait la dissolution progressive des réserves et soumettait les Indiens aux législations des États. Cette loi fut heureusement abrogée. Les terres indiennes appartiennent en grande partie à des familles et à des individus qui peuvent les louer ou les exploiter à leur gré, le reste étant la propriété collective de la tribu. Une des fonctions du B.I.A. est précisément de veiller à ce que ces terres demeurent indiennes et ne passent pas sous le contrôle des Blancs, comme ce fut le cas lors du « Termination Act » et de l' « Allotment Act » (loi sur le démembrement des réserves), lequel fit perdre aux Indiens 60 % de leur territoire, entre 1887 et 1935. Actuellement, grâce au contrôle du B.I.A. et des gouvernements tribaux, les Indiens ne peuvent vendre leurs terres qu'à d'autres Indiens de la tribu.

nité », avec ce que cela sous-entend de mépris et de racisme qui rendent l'éloignement plus douloureux. Car ils sont très isolés : dans les grandes villes, il n'y a pas à proprement parler de communautés indiennes solidaires, comme il en existe pour les autres minorités. Alors avec le temps, le mal du pays s'installe. Ils reviennent.

Pourtant, sur la réserve même, il n'y a pour ainsi dire pas de possibilités. 85 % des gens en âge de travailler sont sans emploi. Les 15 % restant ont essentiellement des postes dans les administrations et institutions gouvernementales, hôpitaux, police, ambulances, bibliothèques, maintenance, postes, etc. Il y a bien quelques fermiers, quelques éleveurs, mais ils n'ont pas les moyens de concurrencer les agriculteurs blancs, qui sont équipés de machines très performantes et bénéficient de prêts que nous ne pouvons obtenir. De plus, les terres familiales appartiennent souvent aux Anciens, aux grands-parents, et sont déjà louées à des ranchers. Ou bien il s'agit de grandes étendues très pauvres ne permettant de faire que de l'élevage extensif, comme dans toute cette partie des grandes Plaines. C'est un cycle sans fin, sans espoir.

Pour ces 85 % de la population, chaque jour ressemble au précédent, et la première chose que l'on fait, le matin au réveil, c'est de se dire qu'on est toujours vivant.

Lorsque j'habitais à Mission, la ville commençait à s'animer vers dix, onze heures du matin. Si l'on cherchait une voiture pour aller dans une des villes voisines, il fallait se lever plus tôt et trouver quelqu'un

ANNEXIONS SUCCESSIVES DES TERRITOIRES SIOUX

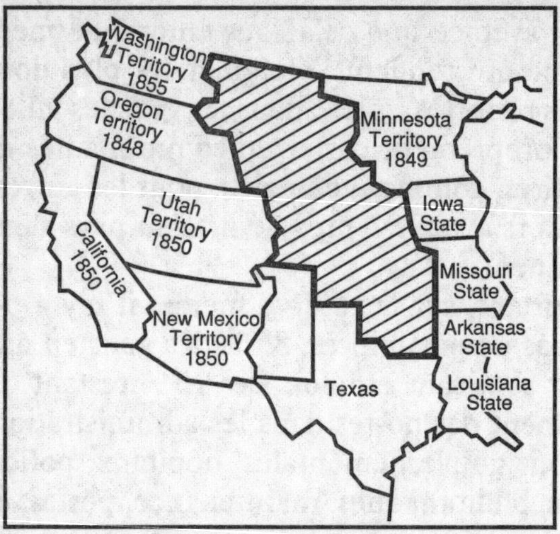

Les Territoires indiens protégés
par le gouvernement entre 1850 et 1854,
et les États créés pendant cette période

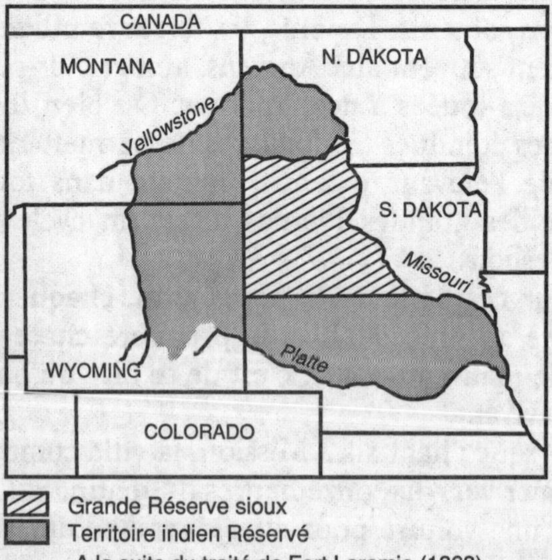

A la suite du traité de Fort Laramie (1868)

ANNEXIONS SUCCESSIVES DES TERRITOIRES SIOUX

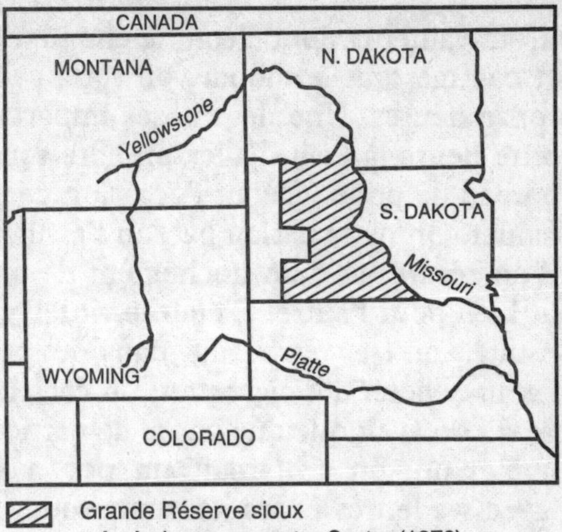

Après la guerre contre Custer (1876), l'annexion des Black Hills et celle du Territoire indien Réservé

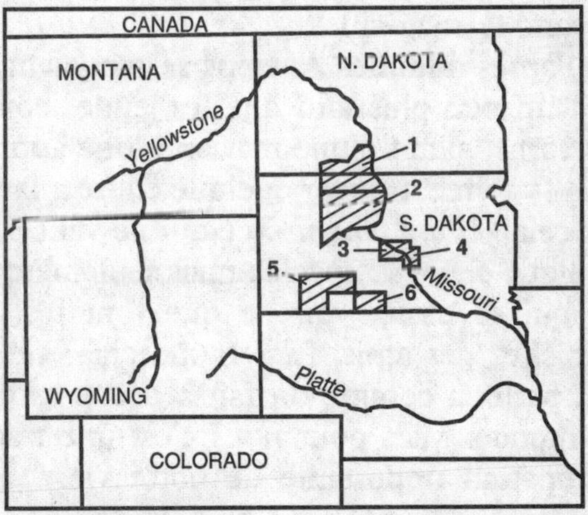

La grande Réserve démantelée en 6 petites réserves après la création du Sud Dakota (1889)

1 Réserve de Standing Rock
2 Réserve de Cheyenne River
3 Réserve de Lower Brule
4 Réserve de Crow Creek
5 Réserve de Pine Ridge
6 Réserve de Rosebud

qui partait travailler et dont c'était le chemin. Sinon, on faisait comme tout le monde, on sortait de chez soi vers onze heures. Une des choses importantes à faire à cette heure-là était d'aller prendre son courrier au bureau de poste. C'était l'occasion de se voir et de se saluer. On ne se parlait pas, on s'assurait seulement d'un regard ou d'un hochement de tête que tout allait bien pour l'autre. C'était le rituel, chaque jour. Ensuite, on se retrouvait dans le magasin adjacent pour acheter des cigarettes, un coca-cola ou autre. Là, si l'on avait quelque chose de particulier à dire à quelqu'un, on s'attardait un peu avant de repartir avec ses lettres et ses journaux sous le bras.

A midi, l'école ouvrait ses portes, libérant une volée d'enfants pour une demi-heure, le temps de déjeuner; c'était l'heure où il y avait le plus d'animation devant le magasin.

Dans l'après-midi, les Anciens se rendaient visite, et c'était un peu plus tard que les jeunes commençaient à sortir, allant d'une maison à une autre pour organiser la soirée, trouver quelque chose à faire. On appelait cela « *ti asa omani* », ce qui ne veut pas dire faire quelque chose de spécial, mais seulement sortir, voir ce qui se passe, voir ce que font les autres. S'arrêter chez des amis, fumer une cigarette, boire un café, parler... comme on fait à peu près partout dans le monde. Mais pour nous c'est une tradition, une occupation importante de notre vie.

Sur la réserve, les deux premières semaines du mois sont plus faciles que les deux dernières, parce que c'est au début de chaque mois que les personnes âgées touchent la pension du gouvernement. C'est aussi à ce moment-là que les mères de famille reçoivent la Sécurité Sociale, l'A.D.C. [3], dont le montant varie en fonction du nombre d'enfants. Cet argent leur est versé à titre individuel, ou au nom des enfants. Les hommes, eux, ne reçoivent rien. Quand il y a un peu plus d'argent sur la réserve, c'est surtout pendant les week-ends que les gens peuvent en profiter, et ils essaient de le garder jusque-là pour pouvoir aller faire un tour à l'extérieur. Il y a de nombreux endroits, hors de la réserve, où l'on peut aller danser et écouter de la musique pop ou reggae. Parfois, on s'en va à plusieurs quelque part dans la campagne pour écouter des cassettes et boire de la bière. Certains passent tout le week-end dans des bars, et cela se termine souvent d'une manière tragique. On peut aussi aller à Interior, Kadoka ou Rapid-City, écouter des groupes indiens saisonniers qui jouent dc la musique moderne à partir de rythmes traditionnels. Pour pouvoir sortir ainsi, il faut un peu d'argent, car les distances sont grandes; mais on se débrouille toujours, parce qu'il n'y a que cela à faire. Et quand les poches sont vides, alors on laisse passer le temps. Notre existence sur la réserve se résume à vivre au jour le jour, à prendre les choses comme elles viennent, et à les accepter sans se demander si c'est bien ou mal; sans s'inquiéter de savoir de quoi demain sera fait, s'il y aura une possibilité de travail pour une semaine, ou plus, ou s'il n'y en aura pas. Notre vie est comme cela parce qu'il n'y a pas le choix, si ce n'est d'en profiter au mieux.

3. Aid to Dependant Children.

Les deux dernières semaines du mois sont beaucoup plus dures. Tout va bien pour ceux qui travaillent parce qu'ils sont payés en général tous les quinze jours, mais les autres sont toujours à courir derrière quelques dollars et à chercher toutes sortes de moyens astucieux pour les gagner. C'est vraiment le règne de la combine.

En été, quelques touristes en provenance des Badlands traversent la réserve en direction du sud. Ils s'arrêtent souvent à St Francis pour visiter le musée sioux, parfois même sans savoir qu'ils sont sur une réserve... Enfants, on se postait à trois ou quatre devant le musée, sur les marches ou le trottoir, pour leur vendre des objets d'artisanat que nous fabriquions. Il y avait quelquefois de meilleures occasions, comme le jour où ce touriste un peu perdu a poussé de grands cris de joie quand il a appris où il était : « Je suis chez les Indiens ? Je suis vraiment chez les Indiens ?! » Comme il voulait tout voir et tout savoir, il m'a demandé de lui servir de guide et nous avons sillonné la réserve d'un bout à l'autre, en passant par Pine Creek, Grass Mountain, Parmelee, Hee-Dog, l'Agence de Rosebud. Nous traversions les villages les uns après les autres sans descendre de voiture, parce qu'il n'y avait pas vraiment de raison de s'arrêter. Souvent, un seul regard suffit pour s'apercevoir que la vie est partout la même.

La seule note un peu moderne que l'on remarque aujourd'hui lorsqu'on parcourt la réserve, ce sont d'énormes antennes paraboliques devant les maisons en bois construites par le gouvernement. Pour beaucoup de familles, ces antennes, et les trente-huit programmes qu'elles permettent de capter, sont la seule richesse. Ceci montre la place qu'occupe la télévision dans notre vie. Je me souviens d'avoir vu arriver l'électricité. C'était dans les années 64-65. Je dis que je l'ai vu arriver, car ce fut vraiment le cas. Nous n'avions pas été prévenus quand, un jour, nous avons vu surgir dans la vallée un poteau de bois qui se dressait tout seul, les bras en l'air. Matin après matin, nous avons ensuite assisté à la progression de la ligne jusqu'aux premières maisons du village. En revanche, encore maintenant, de nombreuses habitations ne sont pas munies de l'eau courante, ou n'ont qu'un seul point d'eau, et l'on est parfois obligé d'aller aux toilettes au bout du jardin, dans une cabane.

Ce contraste entre l'équipement video et l'absence d'eau courante illustre bien les changements auxquels la génération précédente et la nôtre ont eu à faire face. Changements matériels d'abord, mais surtout changements psychologiques, bouleversement dans les mentalités. Nous sommes passés en quelques années de la carriole à cheval et de la lampe à pétrole, à l'automobile et au réfrigérateur. Nous avions dans ce domaine un tel retard que l'adaptation a été beaucoup plus brutale que pour vous. En contrepartie, nous prenions le risque de délaisser nos traditions, notre manière d'être et de perdre notre langue, notre savoir. C'est ce qui s'est produit.

Beaucoup d'entre nous, pris dans l'engrenage du système moderne de consommation, ne savent plus où ils en sont. Non seulement ils n'ont pas la possibilité réelle d'en bénéficier, mais encore ils n'écoutent plus les conseils des Anciens, comme si leurs vérités étaient devenues trop simples à entendre. Une fois de plus, ce sont les Blancs qui viennent nous raconter notre Histoire, comment nous vivions, quel artisanat nous fabriquions, etc.

Je ne veux pas dire qu'il faut à tout prix regarder en arrière, s'accrocher à la tradition. Certes, elle est pleine d'enseignements, mais le monde change, et elle doit évoluer en harmonie avec le cours du temps. Le progrès aussi a du bon, et nous n'aurions plus aujourd'hui la force de nous en passer. Il rend la vie plus facile, en rendant les hommes plus paresseux. C'est une source de plaisirs comme de complications, et il peut conduire aux pires excès s'il est accepté sans nuance, sans souci d'équilibre. Le vrai tournant, pour nous, doit être pris dans nos mentalités, afin que l'identité et l'esprit indiens soient préservés.

Autrefois, si l'on voulait fumer, on devait aller chercher son tabac très loin, chez quelqu'un qui le cultivait et le séchait. Ou bien on le faisait pousser soi-même, et il fallait attendre plusieurs mois avant de pouvoir le fumer. Maintenant, c'est moins naturel et plus simple, il suffit d'aller au coin de la rue. Pourtant, le problème ne se situe pas là : parce qu'avant le tabac était un produit rare, sacré, on le fumait en sachant en apprécier le prix. Le fait que de nos jours il soit manufacturé et vendu partout nous libère de nombreuses contingences, nous laisse le temps de faire autre chose. Mais honnêtement, allumer une cigarette, en tirer trois bouffées avant de l'écraser machinalement dans un cendrier est devenu une habitude qui n'apporte aucun plaisir réel. Il y a cependant moyen d'apprécier ce geste unique, en imaginant le voyage de ces feuilles de tabac depuis l'état de graines jusqu'à cet instant où elles partent en fumée vers le ciel, et en cendres vers la terre. Pour le progrès, c'est la même chose, tout peut changer si nous restons ouverts et conscients du chemin parcouru. Les Blancs comme les Indiens se laissent envahir par ce que leur procure la vie moderne, or tout est affaire d'appréciation et de respect.

Après avoir annexé nos terres il y a longtemps, le gouvernement américain essaie maintenant de nous aider de différentes façons. Il y a des faits positifs, comme l'éducation, l'accès aux universités et les bourses d'études. Mais ce qui paraît bien sur le papier ne l'est pas toujours dans la réalité.

Par exemple, suivant le cas, certaines bourses universitaires dont nous bénéficions ne durent que deux ans, alors que les études sont, elles, de trois ou quatre ans : que faut-il faire au bout de deux ans ? Et à quoi ces deux années servent-elles réellement ?

Autre exemple : du temps de mes grands-parents, il existait une loi, l'« Allotment »[4], dont le principe était de distribuer la terre aux Indiens afin qu'ils deviennent propriétaires en nom propre de certaines parcelles de la réserve. Lorsqu'il atteignait dix-huit ans, tout garçon indien se voyait attribuer plusieurs dizaines d'acres de terre. Dans l'idée, cela paraissait généreux, mais dans les faits, ce fut une véritable catastrophe. Car que faire de quelques dizaines d'acres dans un pays où il n'y a rien ? Le résultat fut

4. Voir note n° 2 page 86.

que les jeunes se mirent à céder leur lopin de terre dès qu'ils avaient besoin d'un peu d'argent ou dès qu'ils se mariaient. Et à qui les vendaient-ils ? A ceux qui pouvaient acheter, les ranchers. C'est à cause de lois de ce genre que d'immenses territoires indiens sont tombés une fois de plus entre les mains des Blancs. Pine Ridge et Rosebud formaient auparavant une seule énorme réserve. Maintenant, si vous regardez bien, vous voyez une enclave de 50 miles sur 30 [5]. C'est la surface que l'Allotment Act nous a fait perdre. Cette loi a été supprimée et depuis, c'est à la tribu dans son ensemble que revient la gestion des terres.

Malheureusement, quoi que le gouvernement entreprenne, on a toujours l'impression que cela se retourne contre nous d'une manière ou d'une autre. Nous sommes complètement assistés, comme des bébés; on pourvoit à nos besoins, on nous loge, on nous nourrit. Mais cela masque une toute autre réalité. Les maisons que nous recevons, les bourses, les pensions, la Sécurité Sociale, les coupons de nourriture, l'A.D.C. pallient mal au fait qu'on ne nous donne pas de travail. Et c'est le problème majeur. Là encore, nous retombons dans le cycle sans fin, sans espoir. Que peut-on espérer pour les générations à venir ?

Sur la réserve, il n'y a pas de futur pour nos enfants. Il n'y a aucun futur pour notre peuple, pour des gens qui vivent sans rien attendre du lendemain, sans regarder devant eux, pour des gens qui ne peuvent même pas prendre leurs rêves en main et les

---

5. Environ 250 000 ha.

réaliser. Ma grand-mère n'a jamais vu la mer. Les jeunes qui regardent la télévision, vont à l'école, ouvrent des atlas de géographie, pourraient avoir envie de s'évader, d'aller voir à quoi ressemble la réalité. Mais ils ne le font pas parce qu'ils ont perdu le pouvoir de rêver. La seule réalité pour eux est celle de la réserve. Ils se fichent pas mal de l'avenir, ils essaient juste de survivre. Alors ils s'accrochent à leurs émotions, à tout ce qui peut leur faire oublier, ne serait-ce qu'un instant, leur vide, à tous ces riens qui se présentent jour après jour et qui deviennent des événements.

Comme événement important lorsque j'étais petit, il y avait Noël. En dépit du peu d'argent qu'ils possèdent, les parents essayent toujours d'offrir un cadeau à leurs enfants, ce qui est assez drôle quand on pense qu'autrefois les Indiens ne fêtaient pas Noël. Pour eux, c'était un jour de froid comme les autres, et pour les gamins un jour de boules de neige comme les autres.

Toujours est-il que le jour de Noël, Santa Klaus arrivait en ville dans une jeep de l'« American Legion Club », l'association des anciens combattants de la dernière guerre et de Corée, qui offrait les bonbons. La jeep commençait par circuler lentement dans les rues, escortée par des enfants de plus en plus nombreux. Debout à l'arrière, le vieux Santa Klaus agitait une clochette et criait dans son haut-parleur : « Venez tous, Santa Klaus est en ville, il est arrivé ! » Les gens sortaient de partout et couraient vers le centre pour l'attendre. Quand la jeep arrivait enfin, on se mettait en cercle et on se tenait prêts. Quelques adultes parmi nous s'assuraient que tout se passait bien, et la distribution commençait. Santa Klaus brandissait des sacs de toutes les couleurs contenant des berlingots verts ou rouges rayés de blanc, des noix, des noisettes, des cacahuètes et, suivant le cas, une pomme ou une orange. A vrai dire, on ne choisissait pas, on levait les bras plutôt deux fois qu'une dans l'espoir d'en recevoir plusieurs. Plus tard, quand on rentrait chez soi, on versait le contenu du sac dans un grand plat. Et l'on savait que ce soir-là, dans toutes les maisons, il y aurait des bonbons, des noix, des pommes et des oranges. Le simple fait d'être présent et de profiter de ce moment que nous attendions chaque année, c'était déjà, en soi, un événement.

L'hiver est particulièrement dur sur la réserve. Il y fait très froid, et la neige peut rester pendant trois ou quatre mois. C'est l'époque où beaucoup de gens meurent, des vieux comme des jeunes, à la suite d'accidents ou à cause de l'alcool. Ce que l'on parvient à se procurer de moins cher chez les *bootleggers* [6], c'est une sorte de vin fait à partir d'alcool synthétique. Lorsque l'on penche un peu la bouteille et que l'on regarde le fond, on peut voir le dépôt du sucre ajouté pour élever le degré d'alcool. C'est un vin qu'on ne prend même pas la peine de laisser vieillir et qui est vraiment très, très nocif. Pendant les grands froids, il arrive parfois que certains aient à rentrer chez eux après avoir trop bu. Et comme ils n'ont plus la force d'avancer, ils se laissent tomber dans la neige et s'endorment. Alors pendant la nuit,

6. Officiellement, la vente d'alcool est interdite sur les réserves.

l'hiver les recouvre peu à peu et les gèle jusqu'à la mort.

Cela me rappelle cette nuit où j'étais rentré à la maison après avoir passé la soirée chez un ami. Il était très tard, car nous avions regardé la télévision jusqu'à la fin des programmes. Dans les rues désertes, la neige tombait à gros flocons, et je n'entendais que le crissement de mes pas au milieu du grand silence blanc. Nous habitions dans une contre-allée parallèle à la rue principale. Au lieu de prendre celle-ci, je coupai par une petite rue dont l'éclairage décomposait les flocons en cristaux scintillants. Tout en marchant, je m'amusais à shooter dans la neige profonde, quand soudain mon pied heurta quelque chose de dur. Je crus que c'était une pierre mais, en me penchant, je devinai la forme d'un corps. Tandis que je commençais à le dégager, je vis apparaître une main, une vieille main ridée qui s'accrochait à une bouteille presque vide. Au fond, le vin était gelé. Arrivé au visage, j'eus un choc en reconnaissant le vieil homme. C'était le meilleur ami de mon grand-père.

Pour toutes ces raisons – et c'est paradoxal à notre époque –, les Indiens d'aujourd'hui vivent beaucoup moins vieux qu'autrefois. Ils sont touchés par des maladies qu'ils ne connaissaient pas, dues aux changements d'alimentation et de conditions de vie. Pour eux, le temps est plus court, les cycles sont plus courts. Un Ancien pouvait vivre près de cent ans en excellente santé avec toutes ses facultés. De nos jours, s'il atteint soixante-quinze ans, c'est un record; on considère qu'il est très vieux, et on l'entoure de tout le respect qui lui est dû. Même soixante ans est déjà un âge honorable, vous êtes un Aîné. Alors qu'autrefois, la cinquantaine marquait la moitié de la vie, la moitié du cycle, aujourd'hui elle marque presque un terme, la fin du cycle.

Pour nous Indiens, tout se passe dans un cercle [7]. Notre vie, celle de l'univers, sont cycliques et toutes nos cérémonies se déroulent dans le cercle. Il est un symbole de protection en même temps que d'unité universelle. Dans son tracé, il figure aussi la ligne du temps qui relie les quatre points cardinaux aux quatre générations. L'Est représente le commencement de toute chose créée, l'Ouest la purification, le Nord la réalisation matérielle, le Sud le monde spirituel.

Comme le soleil dans sa course, nous naissons à l'Est pour nous diriger vers l'Ouest où le sang se fortifie et s'épure; c'est là que l'on comprend le sens des choses, que l'on se purifie, que l'on médite. Tout ce qui est donné à la naissance est approfondi et accepté à l'Ouest, pour être ensuite matérialisé au Nord. Là, ce qui doit être accompli devient effectif. C'est le moment de réaliser sa vie matérielle à son profit, et au profit des autres en les aidant. Puis on descend vers le Sud, en recroisant le centre du cercle, qui est comme une reconnaissance de ce que l'on a déjà traversé, l'Est, l'Ouest et le Nord. Au centre, vous êtes une personne complète. Tout ce que vous avez appris et expérimenté, vous en faites don aux autres, à ceux qui sont à l'Est, à l'Ouest, au Nord. C'est le

7. Voir annexe 3 en fin d'ouvrage (Black Elk et Lame Deer).

temps de l'enseignement. Enfin, le Sud : lorsque nous atteignons le Sud, nous disons que c'est là où l'esprit est libéré du corps. Le corps retourne à la terre et l'esprit délivré, enrichi, entreprend son voyage vers l'Est pour renaître à nouveau. Pendant sa traversée, l'esprit inspire le centre jusqu'à ce qu'il renaisse dans une autre génération, un autre cycle. Il reprend le corps à l'Est, le fortifie à l'Ouest, le réalise au Nord, l'accomplit au centre, le libère au Sud. Ce cycle est le *cercle infini*, et il forme un huit, Est-Ouest-Nord-Sud.

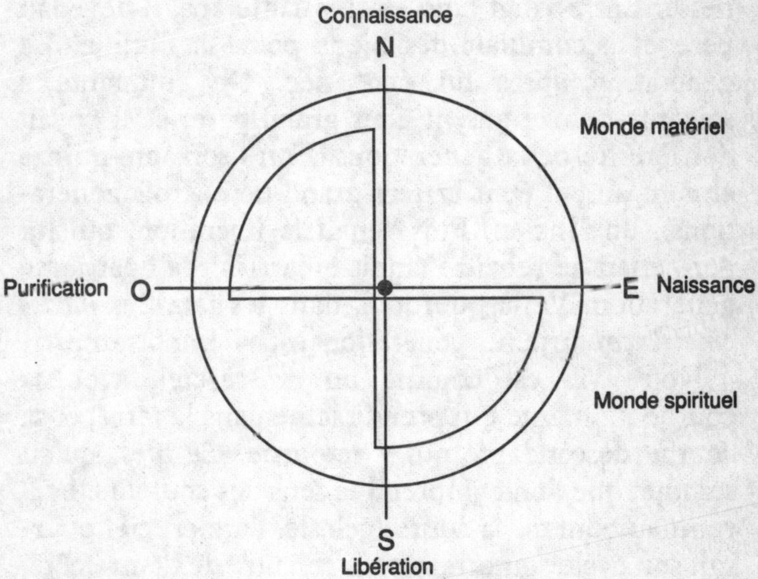

Une fois tracé, le dessin de ce cycle de vie représente un cercle, avec une croix au centre. On trouve cette représentation dans de nombreuses religions, mais, pour nous, elle a une signification particulière. Nous l'appelons la roue *medecine*, symbole de l'univers et du cycle de la vie, mais aussi symbole masculin et féminin, le cercle extérieur étant l'homme, et la croix à l'intérieur, la femme. Et pour que s'anime la roue *medecine*, l'union de l'homme et de la femme doit être accomplie.

Quand l'Indien vivait longtemps – avant que les Blancs ne viennent briser le cycle complet –, les vingt-cinq premières années constituaient sa jeunesse. Entre vingt-cinq et cinquante ans, il devenait père et accumulait des biens pour sa famille. La génération après lui était née. De cinquante à soixante-quinze ans, il était grand-père, et il voyait derrière lui deux générations. Entre soixante-quinze et cent ans, il était arrière-grand-père (trois générations), un Ancien. Puis venait la libération, qui lui permettait de renaître tandis qu'arrivait la quatrième génération. Voilà pourquoi, dans les familles *medecine*, la quatrième génération est si importante.

Notre vie est comme un arc-en-ciel, avec sa courbe montante qui prend racine dans la terre, et sa courbe descendante qui y retourne. Ce n'est qu'au sommet que l'on comprend le sens des couleurs. Parvenu au bout de sa course céleste, l'arc-en-ciel poursuit son cycle souterrain pour renaître de l'autre côté, plus riche. Et il y a de l'or à chaque extrémité, car c'est là que l'esprit se manifeste, voyage entre les deux mondes, matériel et spirituel.

Chapitre 7

Relié par le cordon de lumière

C'était en été, vers la fin du mois de juillet. L'époque avait été choisie par mon grand-père. Il m'avait dit :

« *Takoja*, c'est le bon moment. Il est temps pour toi, car l'esprit viendra dans sa forme la plus pure. Tu es jeune et tu ignores les autres choses... Tu le recevras avec toute ton innocence, et c'est la plus belle manière de faire. »

Je n'avais pas huit ans et demi.

Ce qu'il voulait dire, c'est que si j'avais été plus vieux, j'aurais pu savoir ce qu'est la douleur, ce que cela signifie d'être blessé. Il m'aurait été alors plus difficile d'entrer dans le cercle sacré car j'aurais éprouvé de l'appréhension. Aborder la cérémonie dans ces conditions, sans être parfaitement disponible pour recevoir l'esprit, fait ressortir la douleur. Ce n'est que lorsqu'on a vraiment peur que l'on ressent le mal, et combien de fois ai-je vu des gens souffrir véritablement parce qu'ils n'étaient pas prêts à l'intérieur.

C'était aussi le bon moment car, avec le temps, les cérémonies étaient en train de changer, et mon grand-père désirait pour moi une Danse du Soleil dans sa forme la plus traditionnelle.

Avant tout, la Danse du Soleil est une prière au Grand Esprit, une reconnaissance du pouvoir des forces de l'univers. Nous prions avec humilité afin d'implorer la pitié de *Wakan Tankan*. Pour le remercier de nous laisser vivre, de laisser vivre notre peuple et de lui permettre d'exister sur cette terre, nous sacrifions une partie de nous-mêmes. C'est l'offrande que nous lui adressons en retour. Et que peut-on donner de plus qu'un morceau de sa propre chair ?

Quand vint le temps d'accomplir ce rite, je le fis dans toute mon innocence, sans réserve. J'étais prêt à accueillir en moi l'esprit et les forces de la création qui venaient pour m'aider à donner et à recevoir. L'esprit était là pour nous reconnaître, et nous pour l'implorer.

La Danse eut lieu loin dans la campagne, au creux d'une sorte de vallon entouré de plaines. A cet endroit très retiré, il n'y avait qu'un seul arbre, un cotonnier. Le *Wagachum* est pour nous un arbre de pouvoir, le symbole de vie. Là où il pousse, on trouve toujours de l'eau à proximité. Quand on prend une de ses petites branches et qu'on la casse, cela forme une étoile à l'intérieur. Chacune d'elles contient ainsi toutes les étoiles du ciel. Nous nous étions donc rendus au pied de cet arbre, pour y rester quatre jours.

Un peu en contrebas, ils avaient monté un tipi où nous nous retirions et où la famille venait nous soutenir. J'étais le seul enfant, il n'y avait personne d'un âge intermédiaire entre mes grands-parents, leurs amis et moi. C'était, je pense, pour me faire comprendre qu'après la Danse, je ne verrai plus les choses de la même façon, que je devrai accepter d'entrer dans une nouvelle phase de mon existence. Probablement voulaient-ils me montrer aussi avec quelle simplicité cette cérémonie était autrefois pratiquée. De nos jours, la Danse du Soleil se déroule chaque année au même endroit. Autour du cercle sacré, il y a un autre cercle où se tiennent, à l'ombre des branchages, ceux qui viennent soutenir les danseurs. Cet abri circulaire n'existait pas, pas plus que le campement extérieur permettant d'aller et venir. Car tous les gens qui étaient présents connaissaient la gravité de ce qui se passait au centre et participaient de tout leur cœur, de tout leur esprit. Ils ne partaient pas, mais se tenaient respectueusement à distance, formant une enceinte naturelle. Le cercle n'était pas délimité comme aujourd'hui, il s'étendait partout sur cette terre autour d'eux. Où que l'on aille, on reste toujours à l'intérieur du cercle sacré.

Pendant ces quatre jours passés dans la campagne, à jeûner et à danser du matin jusqu'au soir en regardant vers le soleil, tous mes grands-parents et leurs amis demeurèrent là [1]. Tous ces *medecine-men* m'entourèrent, m'accompagnèrent, prièrent avec moi. On peut parler longtemps de la Danse du Soleil,

1. Lorsqu'ils sont debout tournés vers le soleil, certains danseurs accompagnent le rythme du tambour en soufflant dans un sifflet en os.

mais il est absolument impossible de faire partager ce que l'on ressent à qui ne l'a pas vécue. Chaque cérémonie en soi est unique, les sensibilités, les prières, les manifestations de l'esprit ne sont jamais les mêmes. Nous dansions toute la journée pour que l'esprit et la force descendent sur nous et, le soir, nous prenions une *Sweat-Lodge*, un bain de vapeur pour nous purifier. Mais le soir du troisième jour, la *Sweat-Lodge* fut différente, plus forte, car le lendemain était le jour du perçage.

C'est au chef *medecine* que revient la tâche de percer la chair et de fixer la serre d'aigle dans la peau. L'incision peut se pratiquer sur la poitrine, mais aussi dans le dos ou sur les bras. Il y a deux manières de faire. On peut utiliser un petit bout de bois de cerisier sauvage, un arbre qui pousse chez nous sous forme de buisson [2]. Après avoir ouvert la chair avec la serre d'aigle, on glisse cette alêne de bois à laquelle on fixe la serre qui est raccordée à l'arbre central. On peut aussi, plus simplement, glisser la serre sous la peau et la recouvrir avec celle-ci, de façon à ce qu'elle reste solidement maintenue à l'intérieur du corps. De là, part ce qui symbolise le cordon ombilical, une corde reliant le danseur à l'énergie, à l'arbre de vie [3].

Ainsi accroché, vous approchez l'arbre quatre fois, vous le touchez quatre fois, vous vous offrez quatre fois, en reconnaissance des quatre points cardinaux. Après chaque approche, vous repartez à reculons

2. « Choke cherry bush ».

3. De nos jours où il est de plus en plus difficile de se procurer des serres d'aigle, les danseurs sont reliés à l'arbre central par une corde passée autour de l'alêne qui est dans la chair (précision apportée par White Bird).

pour tendre la corde, et vous priez. Pour vous libérer à la fin, vous courez en arrière et la chair éclate, dégageant l'alêne de bois ou la serre fixée à l'intérieur.

Dans mon cas, cela ne s'est pas passé exactement de la même façon. Habituellement, on pratique deux incisions – une de chaque côté de la poitrine –, et la corde principale reliée à l'arbre se divise en deux cordons. Mais comme j'étais très jeune, et que j'avais encore devant moi différentes étapes à passer, on ne m'introduisit qu'une seule serre d'aigle, l'autre ayant été enroulée autour de la corde afin d'être maintenue. Mon grand-père en avait décidé ainsi, sachant que plus tard ce serait à moi de choisir le moment de ma prochaine Danse et la manière de l'accomplir. Quand je me sentirai prêt, j'irai d'abord implorer une vision, comme je dois le faire; comme tant d'autres l'ont fait avant moi, qui partaient pour une *Hamblechia*[4] juste avant de se rendre à la Danse du Soleil.

Aujourd'hui, beaucoup d'Indiens d'autres tribus, en quête de spiritualité, se joignent aux Lakotas pour la cérémonie. On voit même quelquefois des enfants de treize ou quatorze ans jeûner, danser pendant quatre jours et se faire percer comme les autres. On en voit aussi, parmi les hommes, qui viennent pour montrer leurs cicatrices et prouver ce qu'ils sont capables d'endurer. Ces guerriers ne semblent pas toujours comprendre le réel pouvoir qui est engagé là. Certains viennent plusieurs années consécutives, se faisant percer une fois la poitrine, une autre fois le dos, une autre fois les bras. Car si l'on peut décider

4. Quête de Vision.

du moment de sa Danse et de la partie du corps que l'on désire offrir, on peut aussi choisir la manière de se faire éclater la chair. Le danseur qui est percé dans le dos traîne derrière lui plusieurs crânes de bison accrochés à la corde. Ralenti par ce poids qui lui décolle la peau des omoplates, il effectue quatre grands tours en bordure du cercle sacré. Après cela arrivent des enfants, qui s'asseoient sur les crânes, tandis que lui continue de tirer, tirer, jusqu'à ce que la peau, trop tendue, s'arrache d'un seul coup. Un autre, percé à la poitrine, peut choisir de se faire suspendre à l'arbre sacré. Là aussi, au bout d'un moment, la chair finit par céder. Il arrive également que l'on fasse venir un cavalier qui, après s'être saisi du bout de la corde à laquelle le danseur est attaché, lance son cheval au galop.

Cependant, ce n'est pas cela l'important. On ne vient pas pour se faire des cicatrices, on ne vient pas, comme à la guerre, pour recevoir une médaille... Ou alors, c'est que vraiment on ne sait pas ce qu'on fait. Non, le véritable sens de la Danse du Soleil, c'est la prière. On se sent très humble devant les forces en présence. L'énergie de la Danse du Soleil, la mobilisation de toutes les forces de la création n'est pas quelque chose d'ordinaire, c'est quelque chose de bien réel. Les vibrations sont si fortes que, même lorsqu'on n'est là que pour accompagner et soutenir un danseur, on les ressent profondément, et elles persistent pendant plusieurs jours, voire plusieurs semaines. Elles continuent à battre dans votre sang, dans votre cœur, dans votre cerveau, dans votre esprit. Elles demeurent en vous. Ce n'est vraiment pas quelque chose d'ordinaire!

Dans mon cas, comme je l'ai dit, on ne m'a percé la poitrine que d'un seul côté, mais étrangement, ma peau ne claqua pas ainsi qu'elle aurait dû le faire. Lorsque je courus en arrière pour me libérer, ce fut la corde qui céda. Elle se rompit juste au-dessous du point d'attache de la serre d'aigle, si bien que celle-ci, par la force du choc, revint se planter dans ma poitrine. Cela se produisit trois fois de suite : la corde cassait, la serre rebondissait et venait se ficher en moi, laissant d'autres marques qui ne s'effaceront jamais.

Pendant les quatre jours que dure la cérémonie, les danseurs ne mangent pas, ne boivent pas. Ils ne font que danser face au soleil, tournant en même temps que lui, et se donnent ainsi jusqu'à épuisement. Le dernier jour, ils sont presque morts [5]. Symboliquement, ils doivent mourir à ce monde pour atteindre le monde spirituel... et donc, il n'y a pas de douleur ! Il n'y a pas de réelle douleur si vous êtes sincère. Au début du siècle, il y a eu des gens pour dire que c'était sanglant, que la Danse du Soleil était un vrai massacre. Mais pour nous, elle n'est qu'un remerciement, et, considérée comme tel, bien peu de chose, un petit sacrifice, un tout petit morceau de chair.

Lorsque pour la quatrième fois, on fixa la corde sur ma poitrine, ceux qui étaient présents se regrou-

5. La mort initiatique du danseur apparaît dans cette double utilisation de la pipe pendant la Danse du Soleil expliquée par Edgar Red Cloud : « Pendant la Danse du Soleil, on utilise deux pipes. L'une est enterrée sous l'arbre sacré, tandis que l'autre est utilisée pour représenter toutes nos prières. La raison pour laquelle on enterre une pipe est que, tant qu'un homme est en vie, il peut la fumer, mais une fois mort, il ne le peut plus. Ainsi la pipe enterrée représente une tombe sous la terre » (extrait de « Native Americans Lakota Spirituality »).

pèrent autour de moi pour m'aider. Ils priaient tous. Je crois que ce fut mon grand-père qui demanda :

« Comment te sens-tu ?

– Je ne sais pas comment je me sens », répondis-je.

Quand la corde s'était rompue la fois précédente, j'avais vu la serre d'aigle arriver vers moi mais je n'avais pas crié, et cela ne m'avait pas fait mal. D'ailleurs, je n'ai souvenir d'aucune douleur, de rien qui fût insupportable. Mon grand-père s'avança – cette fois, je distinguais son visage –, et me dit :

« Oublie que tu es là. Laisse l'énergie venir et prie très très fort ».

Je revins toucher l'arbre au centre et restai longtemps contre lui, priant *Wakan Tankan*, implorant sa pitié pour tous les miens, le remerciant d'être en vie. Puis je me détachai de l'arbre, mais au lieu de courir, je reculai lentement jusqu'à ce que la corde soit parfaitement tendue. Devant moi, l'arbre émettait une énergie telle que la corde commença à trembler, à vibrer. La tension augmentait d'intensité, et je sentais l'énergie circuler de l'arbre à ma poitrine, monter et descendre le long de la corde. Quelques instants après, elle s'arrêta net, et je vis le cordon symbolique s'illuminer. Je priai le plus fort que je pus. Alors, sans que je fis quoi que ce soit, sans même tirer, la serre d'aigle se détacha d'elle-même et retourna frapper le tronc sacré de l'arbre.

« Lilili... lilili...lililililili..!! » Ma grand-mère fut la première à réagir. C'était un trille de victoire et de triomphe qui voulait dire « maintenant il est sur la voie, il peut aller son chemin. Il est né à nouveau et, avec lui, notre vie continue ».

Nous appellons ce cri *akijia.*

A mes côtés, toute la famille laissa exploser sa joie. Ils m'entourèrent les poignets d'un bracelet de sauge et, me tenant par les mains, me firent décrire en courant un grand cercle autour de l'arbre sacré. Ensemble, nous acceptions la responsabilité d'être vivants sur cette terre et de prolonger la tradition de notre peuple, les Lakotas, le Peuple de la Terre.

Nous continuâmes à danser jusqu'au coucher du soleil. Il y avait tellement de joie, tellement de vie dans l'instant, tellement de compréhension entre nous que toute fatigue, la faim, la soif avaient disparu.

Chapitre 8

Le don de la vie

A l'époque de ma Danse du Soleil, j'étais déjà impliqué dans deux styles d'existence radicalement différents. D'un côté, il y avait mes grands-parents et l'apprentissage de la vie, de l'autre l'école, les amis avec qui je partais m'amuser. L'une de nos distractions préférées était de se retrouver dans une petite clairière à quelques centaines de mètres de la maison, pour jouer aux « *Barbarians* » et aux « *Romans* ». En gros, cela consistait à former deux camps et à se taper dessus. De même, nous allions très souvent sur le terrain vague au bout du village, où les carcasses de voiture et les machines hors d'usage étaient laissées pour compte. Si quelqu'un avait besoin d'une tôle, d'une portière ou d'un pare-chocs, il venait se servir là. Mais personne ne pouvait soupçonner qu'au volant de ces vieux débris nous vivions des aventures héroïques. Nous nous exercions aussi à soulever les charges les plus lourdes possible, en levant à bout de bras des barres métalliques aux extrémités desquelles nous accrochions différents poids. Comme la compétition était serrée, nous allions au bout de nos forces. A chaque fois que venait mon tour, je poussais pour m'aider un grognement sauvage, qui me valut mon premier surnom d'homme civilisé – c'est-à-dire à la manière américaine –, *Grunt*, celui qui grogne, qui grommelle. Je ne le conservai d'ailleurs pas très longtemps car, entre onze et douze ans, lorsque je commençai à jouer au football américain avec l'école, *Grunt* se métamorphosa en *Tank.* Dans l'équipe, j'étais trois-quart, ce qui vous laisse imaginer le jeu très tactique que je déployais alors.

C'est également à peu près à l'époque de ma Danse du Soleil que je rencontrai Kathy, qui devait devenir ma femme.

Chez les Lakotas, les femmes ont toujours été considérées avec un très profond respect, car c'est à travers elles que se perpétue la vie. Elles symbolisent notre seconde terre. Nous avons une image : nous disons qu'elles sont le cœur, et que l'homme est le sang. Elles sont le cœur, la stabilité de notre peuple, comme les hommes en sont les protecteurs, les gardiens. Par la chasse, ils pourvoyaient aux besoins extérieurs de la famille. Par l'éducation des enfants et les travaux intérieurs, elles assuraient la continuité de la vie. Lorsque nous changions de camp, c'étaient elles qui pliaient le tipi pour le remonter ensuite. Sur la réserve, nous n'avons plus de tipis, mais ce sont les femmes qui, plus que jamais, dirigent la maison.

Mon mariage fut organisé comme dans les lignées royales, où il est important que le sang reste pur. Car dans les familles *medecine* aussi, on fait en sorte que, par le jeu des alliances, le pouvoir devienne plus fort, plus efficient. Mon grand-père m'emmena un jour assez loin, en dehors du village. Nous venions de nous arrêter devant le portail d'une maison, quand il me demanda :

« Tu vois cette petite fille là-bas ? »

Il y avait plusieurs enfants assis devant la maison.

« Oui, répondis-je.

– Eh bien, ce sera ta femme.

– Ho ! »

Quelques instants plus tard, on nous présenta. « Tu vois cette petite fille ? C'est ta femme », « tu vois ce petit garçon ? C'est ton mari ». Nous ne mesurions pas exactement la portée de ces mots, mais ce qui est sûr c'est que, tandis que nous nous regardions, nous eûmes l'un pour l'autre une attraction instinctive.

A partir de ce jour, nous avons grandi ensemble, apprenant à mieux nous connaître, partageant ce que nous avions, ce que nous pensions, avec une liberté totale. La compréhension naturelle qui s'était établie entre nous dès le premier regard se transforma vite en une grande complicité ponctuée d'éclats de rire et de grands moments d'affection. Nous nous sentions de plus en plus proches. Et plus tard, avec l'adolescence, je la vis devenir femme, ma femme.

A l'école, si j'avais un sandwich et qu'elle n'en avait pas, je le partageais en deux, me réservant la plus petite moitié. De son côté, si elle avait quelque chose de nouveau, d'excitant à partager, c'était à moi qu'elle se confiait d'abord.

Elle apportait toujours en classe des petits animaux qu'elle cachait dans sa poche. Un soir, alors que nous sortions de l'école, elle m'interpella :

« Hé ! Viens, j'ai quelque chose à te montrer ! Personne ne l'a encore vu. »

Elle m'entraîna dans un coin et, après avoir ouvert la poche de sa veste, me demanda de jeter un coup d'œil à l'intérieur. Il y avait là un petit lapin qui nous regardait.

« D'où est-ce qu'il vient ?

– C'est mon frère qui me l'a donné. »

La phrase fit mouche, je fus jaloux. Imaginer que son frère puisse lui offrir quelque chose de mieux que moi... Mes sandwiches étaient bons, mais ils ne duraient pas si longtemps que ça. Si je ne voulais pas perdre Kathy, il fallait à tout prix que je trouve le moyen de regagner son intérêt.

A l'époque – je devais avoir près de douze ans –, je possédais quelques chevaux donnés par mon grand-père en échange de différents services que je lui avais rendus. Je savais que l'un d'eux plaisait beaucoup à un ami qui venait juste de recevoir une magnifique selle rembourrée, tout en cuir travaillé. Je conclus l'affaire avec lui, et échangeai mon cheval contre sa selle. Il estima que le marché était honnête, moi aussi. Un matin à l'école, j'allai trouver Kathy.

« Kathy, j'aimerais que tu viennes au ranch avec moi. J'ai quelque chose pour toi.

– D'accord, après l'école tu viens me chercher à la maison.

– Bonne idée ! »

Plus tard, à la sortie, un des mes amis, Floyd Charging Crow, me demanda de l'accompagner pour une promenade. Et ce n'est qu'au ranch, en sellant mon cheval, que je me souvins du rendez-vous avec

Kathy. Nous décidâmes donc, Floyd, mon cousin Curtis – dit « *Milk* » – et moi, de nous rendre chez elle à cheval. Tous les deux aimaient bien Kathy, qui était très belle, mais ils savaient, comme tout le monde, qu'elle allait devenir ma femme, que nous étions déjà mariés. Nous restâmes quelque temps là-bas. Kathy avait remarqué la nouvelle selle mais n'avait posé aucune question. Devant la maison, au moment de partir, je lui dis :

« J'ai un cadeau pour toi. Tu te souviens, je t'avais demandé de venir avec moi au ranch... Eh bien ! C'est le contraire, c'est moi qui suis venu. Regarde. »

Je retirai la selle du cheval et la posai sur la barrière.

« Qu'est-ce que tu fais ?

– C'est ta selle.

– C'est vrai ? Elle est à moi ? »

Ses yeux brillaient. Elle courut chercher son père et, quelques instants après, toute la famille sortait admirer la selle. Je ne pouvais plus partir. C'est à ce moment-là que je vis s'arrêter la voiture de mon grand-père.

« Clark, j'ai vu ton cheval un peu plus loin... Qu'est-ce qu'il fait là-bas ?

– Je l'ai échangé », répondis-je.

Même si c'était un très beau cheval, pour moi cela restait un cheval. Je me doutais bien qu'en le vendant, j'aurais pu m'acheter trois ou quatre selles, mais à côté de moi, la famille semblait tellement contente... Et la selle était plutôt jolie. J'avais aussi fait cela pour faire plaisir à la jeune fille parce que j'étais jaloux du lapin. Mon grand-père me regarda en secouant la tête, l'air de dire : « Quel type... Non mais quel type, qui ne sait même pas négocier...! » Il ajouta tout haut :

« Tu sais, tu viens de lui donner une selle, mais elle n'a même pas de cheval! »

A l'instant même, je venais de perdre un autre cheval.

Autrefois, quand on venait demander une fille en mariage, on offrait un cheval tout harnaché, avec sa selle et sa couverture. On remettait les rênes entre les mains du père, qui les prenait en regardant la mère. Si la mère était contente, il regardait sa fille. Si sa fille souriait, il acceptait le cheval. Mais si, de la part de l'un d'eux, il y avait mécontentement, il laissait tomber les rênes en signe de refus.

Lorsque je lui tendis la bride de mon cheval, le père de Kathy jeta un coup d'œil entendu à mon grand-père qui ôta son chapeau, avant de se retourner vers sa femme. Un peu à l'écart, Floyd et Curtis se demandaient ce qui se passait. Mais c'était quelque chose de naturel, qui s'inscrivait dans la plus pure tradition. Puis le père remit les rênes à Kathy pour qu'elle selle le cheval à nouveau, et vint me serrer la main, en disant bien fort :

« Ho! Toi, tu es quelqu'un de bien. Mais ton grand-père, je ne sais pas... »

Toujours est-il qu'il s'installa dans la voiture de mon grand-père, et que tous deux disparurent.

Ce soir-là, pour rentrer à la maison, je montai en double derrière Floyd. Alors que nous parlions de tout cela, Curtis, qui n'avait qu'un cheval, nous avoua :

« Je crois que je ne vais pas me marier avant longtemps, j'aime trop mon cheval. »

La vie a changé, les mentalités ont changé, et le mariage n'a plus le même sens qu'au temps des générations passées. Une fois encore, il semble que le cas soit plus critique chez nous qu'ailleurs, car pour les Indiens, le mariage scellait bien autre chose qu'une simple union dans cette vie-ci.

Il arrive maintenant qu'une femme ait deux ou trois enfants de deux ou trois maris différents. Le désœuvrement, l'alcool, l'absence de but et d'espoir sont les principaux responsables de ces situations. L'homme et la femme d'autrefois étaient unis par un lien spirituel pour l'éternité. Lorsque l'un d'eux quittait cette terre, une partie de l'autre mourait. Quoiqu'il pût arriver dans leur vie, quel que soit l'amour qu'ils aient partagé, il n'y avait pas de rupture, pas d'éloignement; aujourd'hui, l'esprit meurt en même temps que les corps s'éloignent. Traditionnellement, l'union de deux esprits était comparée à celle de deux aigles. Quand un aigle mâle et un aigle femelle commencent à voler ensemble, jamais plus ils ne se séparent. D'une saison à l'autre, d'un bout à l'autre de l'année, ils volent dans le même ciel. Et si parfois ils se déplacent en plus grand nombre, c'est qu'ils sont accompagnés de leurs petits. Que l'un vienne à mourir, et il est rare que l'autre lui survive très longtemps.

Le lien qui était en train de naître entre Kathy et moi était de cette nature. Nous commencions à faire des projets, même si chacun, de son côté, avait sa propre vie, son propre devenir. Mes grands-parents eux aussi me préparaient à ce que je devais savoir en grandissant, au sujet de l'homme et de la femme. A ce que je crus comprendre, l'injustice était énorme, car ma grand-mère disait que si les filles se transformaient en femmes, les hommes, eux, restaient éternellement des petits garçons : quoiqu'il advînt, ils continuaient toujours à jouer avec ce qui passait à leur portée. J'appris donc comment une femme devient une femme, et ce que signifient ses menstruations, que nous appellons des « lunes ».

Lorsqu'une fille a ses premières règles, cela revêt un caractère sacré, car elle entame là un processus mensuel de purification. Par la suite, elle élimine durant ces quelques jours les impuretés contractées au cours du cycle précédent, de façon à commencer le cycle suivant avec une énergie nouvelle. Pour notre *medecine*, les périodes féminines influent de manière réelle sur l'environnement immédiat et sur la pratique du pouvoir. Quand elle est en phase de purification, une femme ne doit pas assister à une cérémonie, ni toucher aux objets sacrés. En revanche, pendant la première moitié du cycle suivant, le pouvoir revient, et avec lui la sensibilité particulière pour toucher, reconnaître, cueillir les plantes.

Dans le temps, la femme impure se retirait pendant quatre jours dans un tipi dressé à cet effet au milieu des bois, à l'écart du village. On l'appelait *le tipi des lunes*. Ce n'était pas, comme on l'a dit et décrit, une manière de la chasser pendant cette période d'élimination, mais au contraire l'occasion pour elle de se reposer en échappant aux tâches quotidiennes. Elle ne devait rien faire, ni toucher la nourriture, ni coudre, ni broder, au risque de transmettre aux choses trop d'énergie. Ses repas étaient préparés dans le village et apportés par sa famille. Il fallait qu'elle puisse reprendre ses forces le plus rapidement possible, et réintégrer la vie normale où l'attendaient peut-être mari et enfants sinon d'autres occupations, car les femmes indiennes ont toujours été très actives. Le tipi des lunes ne correspondait pas à une exclusion, mais à une marque de respect pour la femme qui est en âge de procréer, et qui est le centre de notre vie.

La place privilégiée qu'occupe la femme chez les Lakotas n'est pas sans rapport avec le fait que ce soit une femme qui ait fait descendre parmi nous la Pipe Sacrée. Comme me l'ont expliqué mes grands-pères, lorsque la Femme Bison Blanc [1] nous fit don de la Pipe, elle nous fit don de la vie. La Pipe symbolise la renaissance, une nouvelle création, et c'est pourquoi elle est devenue pour notre peuple l'objet le plus sacré sur terre. Elle intervient dans toutes nos cérémonies comme porteuse de nos messages et prières pour l'au-delà, aussi bien lors de la Danse du Soleil et de la Quête de Vision qu'à l'occasion d'une simple prière, ou remerciement. En elle est contenu l'ensemble de l'univers, en même temps que l'essence de chaque être. Par l'intermédiaire de cette femme et grâce à la révélation de la Pipe, nous avons

1. En lakota : « *Ptesan-win* ».

eu la possibilité d'entrer en liaison avec *son* monde, le monde spirituel, et avec nos ancêtres.

L'histoire de la Femme Bison Blanc est sans doute la légende indienne la plus connue. Il y a de cela très longtemps, deux guerriers étaient parti chasser lorsqu'ils aperçurent, venant de l'est, une femme qui s'approchait d'eux. Elle marchait au-dessus de la terre d'une manière sacrée. L'un des hommes dit :

« Regarde comme cette femme est belle ! Personne ne l'accompagne, elle n'a pas même un cheval. Nous devons la respecter car elle survit par elle-même. »

Mais l'autre, qui n'était pas animé de bonnes intentions, s'approcha d'elle. Lorsqu'il fut tout près, elle leva les yeux sur lui et l'anéantit. S'adressant alors au premier chasseur, elle lui demanda de la conduire auprès du chef de sa tribu. Puis, devant tout le peuple rassemblé, elle fit don de la Pipe Sacrée enveloppée dans une peau de bison. Quand elle quitta le camp, elle se métamorphosa une première fois en un bison rouge et brun, puis en un bison blanc, enfin, loin à l'horizon, en un bison noir qui s'inclina devant les quatre quartiers de l'univers, avant de disparaître [2].

---

2. Selon une autre version de la même légende, les deux chasseurs, s'approchant d'un troupeau de bisons, remarquèrent en son centre un magnifique bison blanc. Alors qu'ils s'apprêtaient à le capturer, celui-ci se transforma en une très belle femme vêtue de blanc. Elle se tourna vers eux et leur adressa ce chant :

« Avant les pluies et le déluge, j'étais là.
Avant la neige et la grêle, j'étais là.
Avant les montagnes et les vents, j'étais là.
Je suis l'esprit de la Nature.

Je suis dans la lumière qui baigne la terre, et dans la noirceur de la nuit.
Je donne sa couleur à la nature, car je suis dans sa sève et dans ses fruits.
Je suis aussi dans la nature, où résident les clés de la sagesse mystique.

Par tous les symboles qui y sont rattachés, cette légende est primordiale, et reste vivante au cœur de tous nos rites à travers la Pipe sacrée. Il y a certainement beaucoup d'interprétations possibles. Pour moi, l'anéantissement du guerrier impur représente ce que nous vivons lorsque nous allons implorer une vision. Pendant les jours et les nuits que nous passons sur la colline, tenant notre pipe, nous cessons d'exister dans le monde matériel. Nous nous retrouvons seuls, face aux esprits. C'est à cela que doit ressembler la mort, quand il ne nous reste plus que la prière et l'imploration, et que le monde spirituel investit notre cœur en nous gratifiant d'une vision.

Selon une autre approche, le comportement de la Femme Bison Blanc face aux deux guerriers rejoint la symbolique de la purification, qui transforme la négativité en positivité. Elle renvoie à la terre l'homme aux désirs physiques et reconnaît l'autre par le respect qu'il lui témoigne. C'est comme l'éclair dans le ciel : il naît de l'opposition des énergies positives et négatives et s'enfonce dans la terre,

---

Je suis dans vos chants et vos rires.
Je suis dans les larmes de votre tristesse.
Je suis dans le regard clair et joyeux des enfants.

Je suis dans la substance d'unité, d'accomplissement, de totalité.
Je suis dans les montagnes comme la conscience de toute l'humanité,
Quand la face du monde est défigurée par la négligence spirituelle.
Je suis en vous quand vous marchez sur le chemin rouge.

Je suis en vous quand vous témoignez de l'amour aux hommes, car aussi
Je donne l'amour à ceux qui sont aimants.
Je suis dans la réponse de l'amour parmi tous les humains,
car c'est un chemin
Qui recevra la faveur et le contentement du Grand-Esprit. »

(Cette version a été rapportée par Dallas Chief Eagle, St Pierre, Sud Dakota. Cité dans *Indian Medecine Power*, Brad Steiger.)

annonçant la pluie qui va purifier l'atmosphère. C'est parce que l'éclair est à l'origine de cette libération que nous concédons aux « pierres de tonnerre » [3] un pouvoir considérable.

En nous remettant la Pipe, et en nous révélant comment prier le Grand Esprit *Wakan Tanka*, la Femme Sacrée fit une prophétie. Elle annonça que notre peuple allait recevoir sept rites saints, sept manières de prier les esprits et de se purifier. Mais elle-même ne mentionna que deux rites, qui étaient déjà pratiqués bien avant la venue du Calumet, la *Sweat-Lodge (Inipi)* et la Quête de Vision *(Hamblechia)*, confirmant ainsi leur nature sacrée. En ce qui concerne les cinq autres rites, elle dit qu'ils seraient révélés à certains d'entre nous en temps voulu, à travers des visions. Mais personne encore n'a reçu de vision d'aucun de ces rites; personne, en prière sur la colline, n'a vu revenir la Femme Bison Blanc [4]. Or selon moi, c'est dans la révélation de ces cinq rites que résident la grandeur et la vérité de notre tradition. La Femme Sacrée prédit également qu'elle reviendrait dans quatre cycles. On a beaucoup dit que ce retour marquerait la fin du monde, et que ces quatre cycles représentaient les quatre âges de notre

---

3. Pierres noires que les Indiens recherchent au point d'impact de l'éclair au sol, le plus souvent au pied d'un arbre, résultant de la fusion ou de la condensation due à la décharge de l'orage. Les « pierres de tonnerre » accordent aux *heyokas* l'étrange pouvoir des *Wakinyan*, les oiseaux-tonnerre, les êtres sacrés de la foudre, et sont utilisées lors des cérémonies *Yuwipi*.

4. Selon certains, la Danse du Soleil, la Garde de l'Ame, la Purification de la jeune fille, l'utilisation du Calumet, l'Apparentage, autant de rites reçus lors de visions, complètent les deux rites initiaux. Voir par exemple le livre de Black Elk : « Les Rites secrets des Indiens sioux » (Éd. Le Mail).

univers [5]. J'inclinerai plutôt à penser que ces cycles concernent les quatre âges, ou quatre périodes de la vie par lesquels doit passer tout homme qui tend à la réalisation de son être. Après cette échéance, la Femme Bison Blanc réapparaîtra à celui qui l'attend, afin de le conduire vers la pureté et la libération.

Enfin, dans cette légende, la pipe en tant qu'objet a son propre symbolisme. Son fourneau représente la terre sur laquelle nous sommes assis quand nous fumons, les jambes repliées et le dos bien droit ; son tuyau ressemble à notre colonne vertébrale, l'axe vertical qui relie les deux mondes et donne à l'homme sa dimension spirituelle. Techniquement parlant, le fourneau de la pipe est creusé dans de la catlinite [6], une pierre rouge qui est le sang de notre peuple. A l'endroit où l'on extrait cette roche se tint il y a longtemps une réunion d'hommes *medecine*. Tous furent massacrés. Ils étaient si nombreux que leur sang ruissela sur la terre et forma un lac. En séchant, ce lac fut absorbé par la terre et devint de la catlinite, notre « pierre de pipe ». La Pipe originale, celle qui fut donnée à la Nation sioux par la Femme Bison Blanc

5. D'après les anciennes croyances des Sioux, à l'origine du monde, un bison a été placé à l'ouest afin de retenir les eaux. Chaque année, ce bison perd un poil, et à chaque cycle, un pied. Quand il n'aura plus de poil et que ses quatre pieds auront disparus, les eaux inonderont de nouveau le monde. Les Sioux pensent qu'actuellement le bison est debout sur son dernier pied. Rappelons que l'on trouve la même croyance chez les Hindous, où le bison est remplacé par le taureau *Dharma*.

La fin de ce quatrième âge est un événement prédit à de très nombreuses reprises par les visionnaires indiens, notamment les Hopis. Il est mentionné dans presque tous les récits écrits par des Indiens à la fin du XIXe siècle et au début du XXe, et coïncident avec l'agonie de leur peuple.

6. Pierre dure de couleur rouge, très lisse une fois polie, qui ne se trouve que dans le sud-ouest du Minnesota.

existe toujours [7]. Elle a été conservée de génération en génération par une lignée de gardiens, dont l'actuel se nomme Orval Looking Horse. Elle maintient autour d'elle l'unité entre toutes les tribus.

Lorsqu'on connecte l'une dans l'autre les deux parties de la pipe, celle-ci devient vivante. Même sans tabac, elle est vivante, de cette vie qui est la nôtre. Car elle symbolise alors la connexion interne de notre être. Nous la gardons toujours près de nous en deux parties, et si nous l'assemblons, c'est pour y attacher nos prières, y puiser notre force, nous donner entièrement. Elle nous aide à nous rappeler que nous sommes liés à la terre aussi sûrement qu'au monde spirituel. Inversement, si, sur la colline, la vision vient à nous et qu'elle est trop forte à soutenir, qu'il y a trop d'émotion, il nous suffit de déconnecter la pipe, et la vision s'efface. Nous brisons ainsi délibérément le lien qui était établi entre le visible et l'invisible.

Beaucoup de gens n'ont en tête que l'image du calumet de la paix, parce que fumer la pipe était une manière de sceller une entente entre agresseur et agressé. C'est vrai, on fumait le calumet pour faire la paix. Mais derrière cela, il fallait voir autre chose, une alliance sacrée. Le fait de fumer ensemble, assis jambes croisées, en cercle, était non seulement un signe d'union entre nous, les êtres humains, mais aussi une invitation adressée aux éléments et à toute

---

7. Elle est conservée à Green Grass, sur la réserve de Cheyenne River (Sud Dakota). Cet endroit est un haut lieu spirituel du peuple lakota, un lieu de pèlerinage où, de plus en plus, se retrouvent des *medecine-men* et des Indiens traditionnels d'autres tribus. Une importante Danse du Soleil s'y déroule chaque année.

la création pour qu'ils se joignent à nous. C'est dans cette disposition de paix intérieure que nous pouvions nous en remettre à la protection de *Wakan Tanka*.

En ce qui me concerne, la pipe est une partie de moi, un prolongement de moi-même. Lorsque nous prions en fumant du tabac, nous n'inhalons jamais la fumée. Nous la gardons dans la bouche et la renvoyons dans le ciel, car nos prières sont en elle. Elles s'en vont ainsi vers toute la création, dispersées aux quatre directions. D'une certaine manière, c'est un peu nous que nous dispersons aux quatre vents, en attendant que la fumée ramène à nouveau la vie dans notre bouche.

La pipe que nous utilisons n'a pas besoin de mesurer un mètre de long pour avoir plus de pouvoir. Ce qui est important, c'est le cœur que l'on met dedans, le sacré qu'on y attache. Chaque Indien possède sa propre pipe, qui lui vient généralement de son père et qu'il transmettra à son fils. S'il s'agit d'une nouvelle pipe, il doit d'abord la faire bénir par un *medecine-man* ou une *medecine-woman*. Mais l'énergie et le pouvoir qu'elle manifestera entre ses mains seront ceux que lui, et lui seul, lui conférera.

Dans ma vie, j'ai été en possession de quatre pipes, une pour chaque direction. Et jusqu'à présent, j'ai traversé trois étapes, correspondant chacune à la réalisation d'une pipe que j'ai donnée par la suite. Ainsi, j'ai offert la première à une femme blanche, la seconde à un Noir, la troisième à un Vietnamien, trois couleurs, trois races différentes. Quant à la quatrième, je la garde, c'est la mienne. J'aime penser qu'en ce moment ces quatre pipes se trouvent quelque part aux quatre coins de la terre, cela me conforte dans l'espoir que j'ai en la fraternité des hommes; cela m'aide à vivre en accord avec une pensée de Sitting Bull qui ne m'a jamais quittée : « Mettons nos esprits ensemble et voyons quel genre de monde nous pouvons fabriquer pour les générations à venir. »

Contrairement au peuple indien, les Américains n'ont pas de racines sur ce continent, elles sont de l'autre côté des mers. Alors de plus en plus, ils cherchent à combler ce manque et se tournent vers nous. Ils sont comme des graines à côté d'un arbre millénaire, dont les racines plongent loin dans la terre et dont la cime touche le ciel. Cet arbre, c'est notre Pipe Sacrée.

Dès leur arrivée sur le nouveau monde, ils nous ont systématiquement dépossédés. Ils ont pris nos terres pour nous enfermer dans des réserves. Ils ont pris nos vies. De 16 millions, nous sommes passés à 1,4 million. 1,4 million, c'est le nombre d'Indiens qu'il reste aujourd'hui sur le territoire des États-Unis, toutes tribus confondues. Mais cela ne s'est pas arrêté là, parce qu'ils en voulaient plus. Ils ont cru pouvoir nous imposer leur manière de vivre et de penser, leur culture, leur religion. Sans entrer dans le détail, il s'agissait de civiliser des sauvages.

C'était avant, et apparemment ils nous ont tout pris. Maintenant, ils viennent nous voir chez nous, dans nos réserves, avec l'idée qu'il nous reste quelque chose qu'ils n'ont pas, et qui leur manque. C'est comme un beau fruit que vous arrachez sans y penser et que vous jetez dans un sac. Il reste prisonnier dans le sac jusqu'au moment où vous avez faim et où vous vous souvenez... Le fruit a encore tout son parfum. Nous sommes prêts à partager si leur besoin est sincère. Pour moi, c'est une jolie manière d'envisager l'avenir.

Ce qu'ils n'ont pas réussi à nous prendre, c'est notre *medecine*; notre respect, notre honneur, notre amour de la vie; notre intimité avec la nature, le ciel, la terre, les éléments. Regardez vivre un Indien traditionnel, écoutez-le parler, voyez comment il se comporte, comment il bouge, marche, pratique sa *medecine*, et vous le sentirez tout entier vibrer au contact de la terre. A chacun de ses pas, il puise en elle son énergie et sa substance aussi naturellement qu'il respire. Il y a cette harmonie entre l'Indien et la terre, qui est peut-être trop simple pour qu'ils aient jamais cherché à nous la prendre. Même si l'arbre a été coupé, les racines sont toujours vivantes au centre de la terre, et le lien de la Pipe Sacrée nous maintient tous dans la force et l'espoir.

Ma grand-mère m'a raconté un jour cette histoire dont elle a été témoin. Cela se passait autour du feu pendant un Conseil – un Conseil ordinaire où les gens discutent des choses du village. Toutes les personnes importantes de cette partie de la réserve étaient rassemblées là. Au milieu de la discussion, le prêtre du village fit soudain irruption, bien que personne ne l'eût invité. Voulant à tout prix participer à ce qui se disait, il commença, comme il en avait l'habitude, à donner son avis sur tout et à contredire les Anciens. Tout ce qu'il proposait allait contre la Tradition, et il intervenait sans cesse. Puisqu'il était là, on ne le chassa pas, mais au bout d'un moment, l'un des chefs assis autour du feu lui dit :

« Ho! Vous parlez beaucoup, mais regardez bien où vous êtes... Vous devriez être content d'être là, et encore plus, d'être vivant. »

Le prêtre ne comprit pas l'avertissement et répliqua :

« En effet, je suis content d'être là. Et si j'y suis, c'est grâce à notre religion, à ce que nous sommes et à ce que nous vous apportons. »

Et il se remit à leur prodiguer des conseils.

Peu avant la fin de la séance, un vieil homme prit la parole :

« Père, je vous respecte, vous et vos croyances, mais ne me demandez pas de renoncer à notre pipe. Je ne pense pas, comme vous, que la Bible que vous tenez à la main soit plus forte, cependant je ne vous demande pas de partager mon point de vue. Regardez ce feu au centre du cercle : dans votre livre, le feu représente l'enfer, la destruction, que va-t-il se passer si vous y jetez votre Bible, et moi ma pipe ? Laquelle des deux, pensez-vous, sera assez forte pour ne pas être détruite ? »

Et tandis que le prêtre restait sans voix, réalisant tout à coup où il se trouvait, le vieil Indien lança sa pipe dans le feu.

Chapitre 9

« Le petit Wounded Knee est devenu un monde gigantesque. »

Au printemps 1973, il se produisit sur la réserve de Pine Ridge des événements qui, pour les Indiens, furent d'une importance capitale. Il s'agit de l'occupation de Wounded Knee par les Sioux oglalas et l'A.I.M. [1]. L'occupation de l'endroit même de Wounded Knee n'avait en soi aucune valeur stratégique, car ce n'est qu'un petit bout de prairie avec un comptoir, quelques bâtiments, un dispensaire et quatre églises; mais elle revêtait une importante signification symbolique du fait que c'est là qu'eut

1. L'A.I.M., ou American Indian Movement, était un mouvement politique dirigé à l'époque par Russel Means et Dennis Bank. Il fut fondé en 1968, à l'origine pour défendre les droits des Indiens en milieu urbain. Perçu avec méfiance par les Indiens vivant sur les réserves, il opéra par la suite un rapprochement avec le courant traditionnel, notamment à l'époque de Wounded Knee. Il ne réussit cependant jamais à être représentatif de tous les Indiens, contrairement à sa vocation. Indépendamment de ce mouvement, les Sioux oglalas traditionnalistes de Pine Ridge formèrent en décembre 1972 le Conseil Inter-District, qui s'opposait au président tribal et aux représentants du B.I.A. d'alors, Wilson et Lyman. En février 1973, ce Conseil Inter-District devint l'OSCRO, l'Organisation Sioux Oglalas des Droits Civils. Ce fut à la fin du mois de février, les 26 et 27, que l'OSCRO et l'A.I.M. se réunirent à Calico et décidèrent d'agir ensemble. L'occupation de Wounded Knee proprement dite durera du 27 février au 10 mai 1973.

lieu le dernier massacre d'Indiens sioux, la bande du chef Big Foot, et que la fosse commune où furent jetés leurs corps se trouve sur une colline au nord du village, à cinq minutes à pied en partant du centre.

L'occupation de Wounded Knee n'est pas non plus survenue un beau jour par hasard. Si cela a pu sembler être le cas aux yeux du monde, pour un Indien, ou un observateur avisé, elle fut la conséquence directe de l'impossibilité des Sioux oglalas de se faire entendre des autorités américaines, et s'avéra être l'ultime action d'éclat de l'A.I.M., après l'occupation des locaux du B.I.A. [2] à Washington et celle de l'île d'Alcatraz [3]. Quoiqu'il en soit, comme l'a dit mon oncle Wallace [4] lors d'un meeting au cours de ces deux mois et demi d'insurrection : « Le petit Wounded Knee est devenu un monde gigantesque ». L'occupation fut en effet l'occasion de crier à la face du monde que non seulement les Indiens n'étaient pas tous morts, mais qu'aussi, dans ce pays de liberté et de justice, ils n'étaient pas toujours si bien traités. Pendant ces deux mois, les Indiens parlèrent tellement haut qu'on les entendit de tous les coins de la planète, et que des journalistes accoururent de partout pour couvrir l'événement, du Mexique au Japon, du Canada à l'Australie et à l'Europe. Et on découvrit que ce pays tellement riche, tellement généreux, si puissant et si plein des droits de l'homme était mis en échec, sur un petit bout de

2. Bureau of Indian Affairs. Occupation de novembre 1972.

3. En 1971. Les actions ultérieures de l'A.I.M. se firent plus discrètes, à part la longue marche de 1978 à travers le continent américain.

4. Wallace Black Elk : un des deux *medecine-men* et chefs traditionnels avec Leonard Crow Dog (un autre oncle de White Bird) présents durant tous les événements de Wounded Knee.

terre ridicule, par une bande d'Indiens déterminés à faire entendre leur voix. A l'intérieur du camp retranché, derrière les bunkers (car il y eut de véritables affrontements et des morts par balle), les Indiens étaient très peu nombreux, mais des soutiens affluaient sans cesse. On vit arriver des Indiens du Canada, des Chippewas, des Iroquois, des Mexicains, des Indiens de toutes les différentes tribus américaines bien sûr, des Sud-Américains et également des Noirs et des gens d'autres minorités. Tous ne purent parvenir jusqu'au camp, mais cela ne les empêcha pas de faire connaître eux aussi leurs revendications. Et pour essayer de maîtriser la situation, le président du Conseil de Pine Ridge – dont on demandait la démission – avait fait appeler les Marshalls, puis le F.B.I. et les troupes fédérales. Tous les accès à Wounded Knee, les quatre routes, se trouvaient donc fermées par des barrages tenus par l'Armée.

Car en 1973, l'Armée avait été mobilisée pour combattre les Indiens... encore une fois. La même histoire recommençait, encore et encore. En 1973, c'est-à-dire trois ans avant le bicentenaire de la Constitution américaine. Et Wounded Knee encore... cela prenait une double signification. Avant le « petit Wounded Knee », il y avait eu le vrai, en 1890, et pour personne ce symbole n'était neutre.

Les causes directes qui avaient fait éclater le conflit tenaient à la gestion du président tribal de la réserve, lequel se souciait surtout de conserver sa place, soutenu par le B.I.A. et certains Blancs. Il était impliqué dans plusieurs affaires un peu bizarres comme ce projet de lotissement dans le district de

Porcupine, que les Indiens avaient déjà rejeté par treize ou quatorze fois, car c'était une manière de les arracher à leur terre. Ce lotissement avait été construit malgré tout, en dépit de leur refus ; ou bien l'utilisation, au seul bénéfice de Pine Ridge, de l'argent de toute la réserve ; ou encore la constitution de sa milice et l'octroi de tous les emplois administratifs à ses « sympathisants ». Mais l'opposition au président tribal ne fonctionna que comme détonateur. Il y avait d'autres causes de mécontentement et d'angoisse beaucoup plus profondes qui duraient depuis de nombreux mois et vinrent se cristalliser à ce moment-là : tous les problèmes inhérents à la vie sur la réserve, la pauvreté accrue, le taux de suicide, le chômage qui, à cette époque, atteignait 60 % – *seulement 60 %* – et augmentait très vite ; en relation avec cela, la difficulté d'aller à l'extérieur et la prise de conscience que la réserve était vraiment une prison, un ghetto. Comparée au Bronx à New York, ou à Skidrow à Los Angeles, la vie y est peut-être deux, trois fois pire. L'une des raisons de la venue de l'A.I.M. était d'enquêter sur ce qui se passait dans les villes frontières où plusieurs personnes avaient été battues et retrouvées mortes, comme à Rushville, Gordon et Buffalo Gap [5]. Dans la plupart des cas, les autorités avaient conclu à des accidents.

Un autre exemple de ce qui se produisait sur les réserves était l'envoi de ces jeunes médecins qui, pour parler franchement, venaient se faire la main sur les Indiens. Ils ne restaient jamais là très long-

5. Allusion à la mort, à Gordon, de Raymond Yellow Thunder, et à celle de Wesley Heart Bull à Buffalo Gap *(N.d.T.)*.

temps, seulement un an ou deux, puis disparaissaient du jour au lendemain. Finalement il s'avéra que ces médecins n'étaient pas des docteurs, mais des internes envoyés par les universités. Une fois leur diplôme obtenu, ils partaient exercer leur métier dans la société américaine, la vraie, pour gagner de l'argent. Dans ce domaine, on découvrit également des manipulations beaucoup plus graves. Je pense par exemple à des cas de stérilisation de femmes. Il est difficile de croire qu'une telle chose puisse encore arriver dans une société comme celle des États-Unis, pourtant, après enquêtes, on a découvert que des femmes avaient été stérilisées à leur insu. Qu'il y ait eu de bonnes raisons de le faire, personne ne le saura jamais, toujours est-il qu'on ne leur demanda pas leur avis et que surtout, on ne les informa pas de l'opération qu'elles venaient de subir. Il est possible aussi qu'il y ait eu des accidents et des négligences. Dans de nombreux cas cependant, cela a provoqué des drames, car certaines d'entre elles qui avaient déjà eu un enfant, deux enfants, ne comprenaient pas pourquoi elles ne pouvaient plus en avoir, et quittaient leur mari pour un autre homme. D'autres allaient consulter des spécialistes hors de la réserve, qui leur disaient ce qu'il en était vraiment. C'est ainsi qu'il y eut recrudescence de suicides, de dépressions, et que des hommes et des femmes sombrèrent dans l'alcoolisme... qui est aussi une forme de suicide, non ? Un suicide lent, mais irrémédiable.

La vie sur la réserve est faite de ce genre de choses, et toutes refirent surface au moment de Wounded Knee. Il y a différentes manières de réduire un peuple au silence, des manières plus discrètes que les armes, et lorsque vous voyez certains Blancs là-bas, vous vous dites que la seule évolution entre le passé et maintenant, ce sont les vêtements. Nous portons tous les mêmes jeans et les mêmes chemises à carreaux, mais les mentalités n'ont pas changé.

Je n'avais que quatorze ans lorsque tous ces événements ont éclaté, mais comme tout le monde j'étais surexcité, je voulais me rendre utile, aider les aînés. Derrière Russel Means et Dennis Bank, des guerriers étaient prêts à donner leur vie. Au début, alors qu'on pouvait encore entrer assez facilement à l'intérieur du camp, nous étions allés avec quelques jeunes les retrouver. Mais dès que les fusillades avaient commencé à être sérieuses, Russel Means nous avait demandé de partir. Je me souviens de sa phrase : « Vous les jeunes, nous respectons ce que vous avez fait, mais restez en arrière. Ce que nous faisons, nous le faisons pour vous. »

Nous n'avions pas le choix.

Pourtant, nous apprenions quelques jours plus tard qu'il y avait un problème d'approvisionnement à l'intérieur, et c'est alors qu'on eut besoin de nous. Nous fûmes pris en charge par un vieil homme qui possédait un ranch au fond de la vallée de Wounded Knee, de l'autre côté du bois, à l'extérieur de la ligne gardée par les agents fédéraux. C'est de là que devait partir le ravitaillement. Tout était parfaitement organisé. A la nuit tombée, nous chargions chacun un sac de nourriture sur notre cheval et partions en direction du camp. Bien sûr, nous ne pouvions prendre qu'un sac à chaque voyage, mais c'était suffisant. Nous étions une trentaine de jeunes entre quinze et dix-huit ans, répartis par équipes de six ou sept. Avec notre chargement, nous allions tranquillement au pas jusqu'à un point quelconque de la ligne de front et, de là, nous lancions nos chevaux au galop. On y voyait le plus souvent comme en plein jour, car le ciel était illuminé par des fusées éclairantes. Dès que l'une s'éteignait, il en partait une nouvelle, c'était une lumière continue. Et tout ce que nous avions à faire, c'était de galoper, galoper tout droit le plus vite possible jusqu'à l'intérieur de l'enceinte, en tenant d'une main le sac de ravitaillement. Nous arrivions en général tellement vite que nous tombions de cheval en même temps que le sac. Quelqu'un venait alors le ramasser pendant que nous courions nous mettre à l'abri et reprendre notre souffle. Tout cela se passait en quelques secondes, mais souvent la chute était dure. Pendant la traversée au galop, on entendait siffler des balles autour de nos têtes, à droite, à gauche. On avait aussi droit à des balles traçantes et à des rafales d'armes automatiques, et même si ce feu d'artifice était plus dissuasif qu'autre chose, nous n'étions pas très rassurés. Je crois qu'en réalité ils voulaient nous décourager de continuer ces va-et-vient. Quant à moi, je pensais surtout à l'arrivée, quand il faudrait que je saute de cheval et me réceptionne au sol. Je n'avais que cela en tête... sur une hanche ou sur les fesses.

Nous avons vécu pendant ces quelques jours des moments vraiment exaltants, intenses, avec le sentiment de nous battre pour une cause juste qui changerait notre vie et celle des autres après nous. Nous en étions tous très fiers.

Pour beaucoup, Wounded Knee a également marqué un retour aux sources. Deux *medecine-men*, Leonard Crow Dog et Wallace Black Elk (des oncles du côté Black Elk), s'étaient joints au mouvement pour en assurer la direction spirituelle. Tous les trois jours, il y avait des cérémonies – des *Sweat-Lodges*, des célébrations de la Pipe. Il y eut aussi une *Ghost-Dance* [6]. Les cérémonies eurent pour effet d'affirmer non seulement la solidarité des Sioux oglalas de Pine Ridge, mais aussi celle de toutes les tribus. Ce fut là sans doute le message le plus riche de Wounded Knee, l'union de toute la nation indienne et le soutien qu'elle reçut de l'extérieur, l'aide morale et physique qui se déploya à la mémoire du temps passé et du premier Wounded Knee. On m'a dit par la suite qu'ils organisaient également des cérémonies lorsqu'il y avait des décisions importantes à prendre. Beaucoup d'Indiens devinrent alors conscients du pouvoir de la spiritualité, car ce fut elle qui maintint unie la communauté du camp et qui, au-delà de telle ou telle revendication, permit à tous de se rassembler derrière les mêmes valeurs. Quinze ans après, cette bataille spirituelle continue. Ce n'est pas vraiment

6. La Danse des Fantômes, mouvement prophétique qui annonçait une purification prochaine et la disparition des Blancs, est née en 1889 sous l'inspiration de Wovoka (Indien Païute du Nevada). Elle s'étendit aux tribus de l'ouest, à une époque où les Sioux, sans ressources, étaient dans une situation désespérée. Après l'assassinat de Sitting Bull à Standing Rock, le principal centre de célébration des *Ghost-Dances*, une partie de la bande de Sitting Bull alla rejoindre les Miniconjus de Big Foot et, avec lui, cherchèrent à se mettre pacifiquement sous la protection du chef Red Cloud sur la réserve de Pine Ridge. C'est lors de leur exode que la Cavalerie désarma la bande de Big Foot et la massacra à Wounded Knee.

une bataille, mais, plus que jamais, c'est à travers leur religion que les Indiens peuvent témoigner aujourd'hui qu'ils sont toujours vivants, et qu'au milieu de ce monde de haute technologie, sans âme et sans respect pour la nature et la Terre-Mère, ils ont quelque chose à apporter.

Wounded Knee n'eut pas la conséquence espérée en ce qui concerne la politique globale des États-Unis à l'égard des Indiens. Le « Religion Freedom Act », par exemple, n'est en rien lié aux événements. Si, dans ce domaine, les Indiens se sentent plus libres et n'ont plus besoin de se cacher pour assister aux cérémonies, ou du moins n'ont plus le sentiment d'aller contre la loi (car les cérémonies n'ont jamais cessé, malgré les interdictions et les menaces du gouvernement et des Églises), c'est un phénomène indépendant de Wounded Knee. Par contre, sur le terrain, plusieurs programmes de lotissement furent arrêtés après mai 1973, sans quoi beaucoup d'entre nous ne seraient sans doute plus là aujourd'hui – parce qu'on leur aurait pris leur terre. En effet, le principe des lotissements est doublement ambigü, il permet à la fois de mieux contrôler les familles en les attirant à la périphérie des villages, et à la fois de récupérer leur terre en promettant en échange des logements plus modernes.

Après Wounded Knee, il y eut aussi des arrestations, des peines d'emprisonnement et des disparitions. Les années 73 à 76 furent particulièrement difficiles. De nombreuses personnes furent tuées... Mais le dossier est trop lourd et le sujet trop délicat pour en parler comme ça. Le souvenir demeure. Et c'est ce qui me fait parfois penser que la guerre entre les Blancs et nous peut reprendre n'importe quand.

Les Indiens ont un vrai problème de civilisation, de dépendance vis-à-vis des Blancs, tout simplement un mal de culture et d'identité, et selon moi, nos efforts doivent d'abord porter sur l'éducation et l'accès aux universités. Il devient urgent que nous regardions devant nous, et moins derrière.

Chapitre 10

Kathy

Vint ensuite la période la plus sombre de ma vie. Le coup que je reçus balaya toùt sur son passage, ne me laissant que la tristesse, la douleur, le déchirement.

Je suivais alors les cours du 10e degré [1], qui devait s'avérer être ma dernière année d'école. Je commençais à devenir un peu plus responsable et, avec Kathy, nous mettions petit à petit les choses en place pour l'avenir. Nous savions déjà quelle serait notre terre, à quoi ressemblerait notre maison et où nous installerions nos chevaux. Un vendredi après la classe, nous eûmes une discussion un peu orageuse. C'était sans importance. En général, nous partions chacun de notre côté pendant quelques heures ou une journée jusqu'à ce que, n'y tenant plus, nous courions à nouveau dans les bras l'un de l'autre, contents et désolés. Ce soir-là, au moment de se quitter, Kathy me dit :

1. Correspond en France à la classe de seconde.

« Bon... Je crois que je ferais mieux d'aller passer la soirée avec mes amies à Wanbli. »

J'acquiesçai.

« ... Alors, peut-être à demain, ou peut-être pas..., reprit-elle.

– C'est ça, peut-être à demain, ou peut-être pas. »

Et nous nous séparâmes un peu dépités.

Je décidai d'aller retrouver mes cousins. Sur la réserve, certains jeunes se mettent à boire vers treize, quatorze ans, parfois même plus tôt. Les soirs de week-end, les vendredis et samedis, il y en a toujours qui se débrouillent pour trouver de la bière et improviser des fêtes en pleine campagne, dans un endroit tranquille où ils peuvent écouter de la musique et discuter. La « party » peut durer une bonne moitié de la nuit et se termine quelquefois par des bagarres. Comme beaucoup de jeunes de cet âge, j'avais déjà participé à ce genre d'expéditions. Après ma dispute avec Kathy, j'avais éprouvé le besoin de me changer les idées, et nous étions partis à plusieurs passer la soirée « dans la nature ».

Il devait être six heures du matin, le lendemain, quand mon cousin vint frapper à ma fenêtre. En ouvrant, je lui fis signe d'enjamber le rebord pour ne pas réveiller mes grands-parents. J'étais encore complètement endormi, mais en voyant la tête de Curtis assis au bord de mon lit, je lui demandai :

« Tu n'as pas l'air bien, qu'est-ce qui se passe ?

– C'est ma mère qui m'envoie. Elle a quelque chose à te dire. »

Sa mère, c'est-à-dire ma tante, était relais-radio pour la police et les ambulances. Cela devait être sérieux, mais visiblement Curtis n'avait pas envie d'en dire plus. Je m'habillai rapidement, et nous sautâmes par la fenêtre. Arrivés chez lui, sa mère vint nous ouvrir la porte en larmes. Ses sanglots redoublèrent quand elle me vit; elle essaya de parler mais fut incapable d'articuler un mot. Quelque chose n'allait vraiment pas. Au bout d'un moment, Curtis vint à son secours.

« Ce que ma mère essaye de te dire, c'est qu'il est arrivé un ennui à Kathy. Elle est à l'hôpital.

– Quoi ?

– Elle est blessée à l'hôpital.

– Où ?

– Elle a été transportée à Pine Ridge. »

Nous fîmes du stop jusqu'à Pine Ridge. Il y avait environ quatre-vingt dix miles. A l'hôpital, quand je demandai à voir Kathy Red Howl, on me répondit qu'elle était dans le service des soins intensifs et que les visites étaient autorisées uniquement pour la famille. Je dis que j'étais son frère, Curtis son cousin, et on nous laissa entrer.

J'ouvris la porte tout doucement. Elle était allongée les yeux fermés. A son bras gauche, il y avait une intraveineuse, à sa droite, une bouteille de sang. En m'approchant, je remarquai une grosse boule sous les draps, à la hauteur de son ventre. Je la sentis très faible, et restai près d'elle sans bouger, à la regarder. Alors elle se réveilla, et la première chose qu'elle me dit fut :

« Serre-moi... »

Je la pris dans mes bras comme je pus, parce qu'il y avait l'intraveineuse et le sang. Elle s'accrochait à moi, je m'accrochais à elle. Elle me murmura dans l'oreille :

« Sois courageux... sois courageux.

– Pourquoi est-ce que tu dis ça?

– Ne perds pas de temps, serre-moi... serre-moi fort. »

Je resserai mon étreinte et elle continua tout bas :

« Sois courageux... serre-moi encore dans tes bras, encore une fois. »

Et je m'aperçus qu'elle n'était plus là, qu'elle venait de me quitter. Mon cœur s'arrêta presque, tant j'aurais voulu qu'il s'arrête. Quelques instants plus tôt, une infirmière avait tenté en vain de me dégager de son étreinte; maintenant elle n'essayait plus rien, elle savait que la mort s'occuperait de nous séparer. Lentement, je sentis la pression des bras de Kathy se relâcher dans mon dos. Elle me quittait pour de bon. Je pris ses mains pour les poser le long de son corps, et je vis qu'elle tenait encore une mèche de mes cheveux. Je n'étais pas bien, vraiment pas bien. Mon cousin m'emmena immédiatement hors de l'hôpital. Je savais qu'il me parlait, mais je n'entendais pas. J'étais incapable de dire un mot, de faire un geste. Tout à coup, il me gifla si fort que je me retournai aussi vite pour lui rendre sa gifle. J'étais sorti de l'état de choc.

Nous repartîmes en stop pour arriver à la tombée de la nuit. Un peu avant la ville, je m'isolai quelques instants pour faire une offrande de tabac, puis nous nous rendîmes directement chez Curtis qui parla à sa mère. Il y avait des gens chez elle, si bien que la nouvelle se répandit très vite. J'avais besoin d'être seul.

Je ne rentrai à la maison que pour sauter sur mon cheval et partir galoper au hasard dans la campagne. Quand je revins deux jours plus tard, le village entier était là, à Kennedy Hall. Ce fut le plus dur pour moi, d'entrer, de voir Kathy allongée dans son cercueil. Et les grands-mères, les mères, qui venaient me consoler, m'aider à supporter l'absence. A ce moment seulement, j'ai réalisé à quel point j'étais seul, et ce que la disparition de Kathy représentait : la fin, la chute d'une *medecine*. Autour de moi, tout le monde était en deuil.

Quand ils ont descendu le cercueil, le bruit sourd du bois sur la terre m'a tiré de ma torpeur. Sans attendre la fin de la cérémonie, je suis allé seller mon cheval. Je crois que je n'étais plus moi-même. J'ai galopé pendant longtemps en pleurant, en criant : « Pourquoi est-ce que tu es partie, pourquoi est-ce que tu m'as laissé seul, pourquoi, pourquoi ? » Je suis retourné sur notre terre, là où nous devions avoir notre maison. Les souvenirs montaient pêle-mêle, plus réels que jamais, et à travers eux Kathy restait vivante, c'était ce que je voulais. Combien de temps, de jours, est-ce que je suis parti, je ne sais pas. Ce dont je me souviens, c'est d'être rentré parce que je mourrais de faim. A la maison, ma grand-mère m'attendait. Je me suis assis et j'ai allumé la radio.

A partir de ce jour, je suis devenu complètement fou. Mon grand-père, bouleversé, avait quitté la maison pendant quelque temps. A son retour, il me donna un peu d'argent en disant :

« Sors avec tes amis, va quelque part, bouge. »

Avec cet argent, je suis allé trouver un bootlegger et lui ai acheté une bouteille de whisky. Après en avoir versé un peu par terre, pour Kathy et les esprits, je l'ai vidée d'un trait.

C'est comme cela que je me suis mis à boire, à boire vraiment dur. Et pas de la bière, non, de l'alcool, du whisky. Je voulais perdre la mémoire, c'était la seule façon de ne pas me sentir exister. Les semaines passaient, les saisons, et j'étais de plus en plus obsédé par l'alcool. Tous les jours, j'étais ivre. Au début, j'allais encore en classe, mais je tenais à peine debout. Après, je n'ai plus trouvé aucune raison d'y aller. J'ai vécu dans ce brouillard pendant peut-être deux, trois ans. La première année surtout fut terrible, j'étais « accroché » au point de boire une demi-pinte, puis une pinte, parfois jusqu'à une bouteille par jour. Les week-ends je les passais à Interior, une petite ville située juste en bordure extérieure de la réserve, où il y avait un débit de boissons. Là, nous engagions des paris. Je pariais que je pouvais boire une bouteille de whisky, cul sec, sans m'arrêter. A vingt dollars le pari, il y avait des spectateurs. J'étais l'attraction. En buvant, j'arrivais à gagner de quoi pouvoir boire davantage.

Je n'avais plus aucun respect pour rien, ni pour personne, ni pour moi-même. La plupart des gens gardaient leur distance, ils savaient que je n'étais pas bien et qu'il ne fallait pas compter sur moi, jamais. J'essayais de m'identifier à l'image du guerrier moderne dans le sens le plus violent du terme, celui qui se bat, qui a pouvoir sur les autres et qui en joue, pour tuer s'il le faut. Dans la société d'aujourd'hui, tout le monde essaye d'être un guerrier, d'être le meilleur, de gagner. Mais gagner quoi ? Dans les réserves aussi, à cause de l'influence des Blancs, de la manipulation des mots, et parce qu'il faut sans cesse se défendre, chacun essaye d'être le plus fort. Combien d'Indiens sont morts en voulant jouer aux guerriers, en voulant prouver à n'importe quel prix qu'ils étaient capables de faire mieux, et plus ? Comme moi : j'étais prêt à tout, j'avais décidé d'être un guerrier, un chef. C'était une belle illusion.

Il y a longtemps, le *guerrier*, au sens spirituel, ne désignait pas seulement celui qui part en guerre pour tuer l'ennemi. Il était avant tout le gardien, le protecteur du camp et de la vie dans le camp. Pour montrer son courage, son adresse, son respect de la vie, il n'utilisait pas de fusil, mais seulement un bâton pour aller« porter un coup » à son adversaire. Sa supériorité était marqué par ce combat inachevé où il tuait l'autre symboliquement, sans avoir à lui retirer la vie de ses propres mains. Good Fox était un guerrier majestueux, dans cette acceptation du mot. Il avait entraîné tout un détachement de cavalerie dans les Badlands pour l'éloigner du camp, et sa mission de guerrier s'arrêtait là : il avait montré qu'avec son esprit pour seule arme, il avait été capable de vaincre tous ces militaires avec leurs fusils.

Je sais aujourd'hui que le pouvoir est ailleurs que dans la force, il est dans l'humilité. Je suis conscient de la chance que j'ai eue d'avoir pu quitter la réserve, d'avoir pu voyager, connaître l'Europe, d'autres cultures, d'autres personnes; d'avoir confiance et d'inspirer confiance, de survivre n'importe où sans jamais perdre mon identité. Quoi que la vie m'accorde, j'ai appris à l'apprécier et à l'honorer. Elle est pleine de ces gestes, de ces clins d'œil qui rendent heureux à l'intérieur et aussi infimes soient ces dons, je lui en suis très reconnaissant. Un regard, une tape amicale, une poignée de main sont des choses qui me font savoir que je suis vivant et que je peux les ressentir. Ce sont les seules qui m'aident véritablement.

Je ne suis pas affamé de pouvoir, et je suis loin maintenant de la « voie du guerrier » telle qu'on la présente ordinairement. Mais j'ai compris cela bien après ma période de folie. Ce qui m'a entraîné aussi bas à l'époque, ce fut également d'apprendre comment ma femme était morte. Selon la tradition, Kathy était ma femme, même si nous n'avions pas de papier officiel de l'État. Elle avait été choisie pour moi, par mon grand-père, comme il était d'usage dans toutes les familles-medecine lakotas.

Après la soirée où nous nous étions séparés, Kathy avait été retrouvée près de la réserve, sur le bas-côté de la route. Elle avait été violée par trois ranchers et abandonnée dans un fossé. Ils l'avaient brutalisée de telle manière, violée si sauvagement qu'on l'avait découverte en sang, respirant à peine, et qu'une fois à l'hôpital, il avait été trop tard pour la sauver. Les trois hommes l'avaient enlevée quelque part sur la route et emmenée hors de la réserve. Ils avaient vu l'avantage qu'ils pouvaient tirer d'une jeune fille seule, sans aide, sans défense. Ils l'avaient violée et, exactement comme on jette une canette après l'avoir bue, l'avaient repoussée dans le fossé, la laissant pour morte. Sur les réserves, on peut prendre des vies presque en toute impunité : ces trois Blancs se sont servis d'elle, ils l'ont sauvagement violée, ont pris sa vie et disparu. Ce qu'ils ont fait aussi, c'est de réduire à néant tout un monde, le nôtre.

Comment croire après à la justice et à la liberté, comment croire à la parole donnée, aux déclarations de bonnes intentions, à tout ce qu'on peut écrire ? J'étais mort dans une partie de moi, et il m'était indifférent de perdre le reste.

Et puis un jour, en buvant du whisky avec un de ces paris à la clé, je me suis étranglé, et plus rien... le noir. Je suis tombé sans connaissance. Mes amis m'ont conduit aussitôt à l'hôpital. Là, en arrivant, mon cœur s'est arrêté, mais ils ont réussi à le relancer. Ils m'ont fait un lavage d'estomac et ont attendu que l'intoxication éthylique se dissipe. C'est, paraît-il, un peu plus tard, en me réveillant, que je suis devenu violent, extrêmement violent. Le médecin m'a raconté le lendemain qu'ils avaient dû se mettre à quatre pour me maintenir. Ils avaient commencé par m'attacher sur le lit, mais à force de me débattre, j'avais réussi à me dégager en faisant sauter les lanières. Le médecin – c'était un homme d'un certain âge – ne savait pas quoi faire, car il ignorait quelle quantité d'alcool j'avais bue, ou plutôt quelle quantité d'alcool j'avais l'habitude de boire. Ce qui l'inquiétait, c'était l'arrêt cardiaque que j'avais eu. Aussi avait-il décidé de m'administrer un simple sédatif. Mais une piqûre n'avait pas suffi, et comme je délirais toujours autant, il m'en avait fait une seconde qui, celle-là, avait fini par me tranquilliser.

Il était resté ensuite une partie de la soirée assis sur une chaise à côté de moi, à se demander comment on pouvait en arriver, si jeune, à un tel besoin d'autodestruction.

Après cette alerte, il fallut longtemps avant que je me rétablisse complètement. Je renonçai au whisky et aux alcools durs, ce qui, dans une certaine mesure, fut facilité par le refus systématique de tout le village de m'offrir la moindre goutte d'alcool. Mon histoire s'était sue dans tous les bars où j'avais l'habitude d'aller, et là aussi plus personne n'acceptait de me servir ne fût-ce qu'un verre de bière. C'est finalement grâce à cela que je réussis à sortir de ce cycle infernal, et qu'on put me voir marcher normalement dans la rue, même après trois heures de l'après-midi. La mort de Kathy me hantait toujours, mais maintenant, je sentais son esprit me guider, me protéger.

Au lieu de traîner d'un endroit à un autre comme j'en avais l'habitude, je revins me fixer à Saint-Francis et à Mission, où je retrouvai d'anciens amis.

Entre dix-huit et vingt ans, on peut dire que je vécus plus calmement, de petits boulots et de désœuvrement, comme les autres. Pendant ces quatre années sans Kathy, je ne recherchai l'intimité d'aucune femme. Chaque fois que l'une d'elles commençait à s'attacher trop à moi, je m'éloignais prudemment.

Cela dura jusqu'à ce que je rencontre Ann. Nous allions parfois à plusieurs jouer au billard dans un bar de l'autre côté de la frontière de Rosebud, dans le Nebraska. Ce jour-là, nous venions à peine de nous y installer quand je la vis entrer. Je la trouvai immédiatement très belle. Spotted War Bonnet, un de nos amis qui la connaissait, proposa de nous la présenter. Elle s'appelait Ann L., avait vingt et un ans, était originaire du Connecticut et enseignait au collège indien de Saint-Francis. C'était la première fois que je la voyais, mais il se passa quelque chose entre nous. Elle était accompagnée d'une amie plus petite, plus menue, jolie comme tout mais qui retint à peine mon attention. Spotted War Bonnet les invita à notre table. C'est ainsi que commença ma liaison avec Ann.

Au cours des semaines et des mois suivants, nous sommes devenus très proches. Mes amis étaient un peu jaloux : Ann était blonde, avec les yeux très bleus, les plus beaux yeux bleus que j'aie jamais vus... et j'ai déjà parlé de la fascination étrange que les yeux bleus ont toujours exercé sur moi. Dès que son travail lui en laissait le temps – elle était institutrice dans les classes primaires –, nous allions nous promener dans les alentours. Elle voulait tout connaître de la vie sur la réserve, visiter les lieux sacrés. Je l'ai emmenée dans les Badlands, les Black Hills, à Eagle Nest Butte, à Bear Butte, etc. A la fin de l'année scolaire, elle m'annonça son intention de retourner passer l'été sur la Côte Est, chez ses parents. Comme elle avait un contrat de deux ans, elle savait qu'elle reviendrait. Après m'avoir dit cela, elle ajouta :

« Pourquoi est-ce que tu ne viendrais pas avec moi ? »

Elle n'eut pas besoin de me poser deux fois la question.

C'était mon premier voyage loin de la réserve.

J'étais déjà allé jusqu'à Denver, dans le Colorado, à sept-huit heures de route, mais jamais au-delà. Le lendemain dans le village, tout le monde était au courant.

« Hé! Il paraît que tu pars dans le Connect'?

– D'où est-ce que tu tiens ça?

– C'est ma mère qui me l'a dit.

– Ha!... Et comment ta mère le sait-elle?

– Je crois qu'elle l'a su par Naïda, qui l'a su de sa grand-mère, et sa grand-mère l'a su de ta grand-mère. Tu vois, on sait... »

Un de mes plus vieux rêves était de voir la mer. J'ai toujours désiré aller au bord de la mer – sur la Côte Est de préférence, parce que mon grand-père Lame Deer m'en avait souvent parlé. Mais à vrai dire, n'importe quelle mer faisait l'affaire. Et maintenant qu'Ann m'offrait cette possibilité, je ne pensais qu'à cela.

Il nous fallut trois jours pour atteindre la Côte Est en traversant une bonne partie des États-Unis. A proximité de New York, nous sommes passés sur un pont gigantesque qui était comme un arc-en-ciel au-dessus de l'eau. Du point le plus haut, j'ai pu apercevoir la mer, très loin. Il y avait aussi un drapeau incroyable dont chaque étoile était aussi grande que moi. Puis nous avons laissé New York au sud, pour aller tout droit vers l'endroit où habitait Ann. J'appris à ce moment-là que son père était président d'une entreprise très importante, et que sa famille était une des premières arrivées sur le continent (ce point d'histoire était mentionné dans un livre qu'ils me montrèrent chez eux). Ils vivaient dans cette ville de D., qui était le lieu de résidence de très nombreux « *executives* » et responsables de la City. Les parents d'Ann nous accueillirent très chaleureusement, tout heureux de revoir leur fille après si longtemps, et aussi de rencontrer un Indien de la réserve sur laquelle elle travaillait. Ce n'est qu'après, quand ils découvrirent ce qu'il y avait entre Ann et moi, que les choses se gâtèrent. De mon côté, j'appris à mes dépens ce que signifiait exactement le terme W.A.S.P. [2].

A peine arrivé, je voulus voir la mer de plus près, et nous descendîmes tous les deux en voiture jusqu'à Long Island. J'avais envie de la sentir, de la goûter, de la boire. J'ai nagé très loin, très longtemps. Un rêve d'enfant...

---

2. White Anglo-Saxon Protestant.

Chapitre 11

La mémoire des pierres

Ce voyage dans l'Est marqua ma première vraie rencontre avec la civilisation américaine. Dans les alentours de la réserve et même à Rapid City, c'était plutôt le Middle-West, avec ses immenses espaces vides et sa mentalité de pionniers, de fermiers un peu étroits. Mais là, le bourdonnement continu, le mélange des races, l'activité incessante trahissaient l'Amérique dans son expression la plus moderne. C'était fascinant. Je devais pourtant rester assez peu de temps dans cette maison près de New York.

Un jour, après un déjeuner « en famille », je prévins Ann que j'avais envie de faire un tour à pied dans les environs. Tandis que je me préparais, j'entendis son père lui dire qu'il aimerait lui parler un moment. Je n'y prêtais pas plus d'attention que cela et sortis. Seulement, une fois en bas de la rue, je m'aperçus que je n'avais sur moi ni papiers ni argent, et rebroussai chemin pour aller les chercher. Je pénétrai dans la maison par la porte de la cuisine, afin de ne déranger personne, et trouvai mon portemonnaie dans l'entrée. Je m'apprêtais à repartir quand j'entendis la voix du père d'Ann :

« Je ne comprends vraiment pas pourquoi tu as ramené cet Indien à la maison. Tous nos amis se demandent ce que tu fabriques avec cet espèce de sauvage, de Peau-Rouge, et comment est-ce que nous, nous pouvons supporter ça ! »

Il employa d'autres mots encore plus durs pour me qualifier en tant qu'Indien. Il ne s'agissait pas seulement de moi, mais de tout mon peuple. C'était du racisme à l'état pur. J'étais littéralement abasourdi... Lui qui, en face de moi, s'était toujours montré tellement amical. Ann se mit à pleurer, et la porte s'ouvrit. Elle eut le temps de me voir debout au pied de l'escalier.

L'instant d'après j'étais dans la rue, essayant de ravaler ma colère et mon humiliation. Je parvins rapidement au-dessus d'un pont, sur la bretelle d'autoroute qui se divisait en quatre voies dans chaque sens. Devant l'importance du trafic, je me dis en moi-même qu'il ne me faudrait pas plus de quatre ou cinq jours pour rentrer chez moi en stop. J'avais de toutes les façons trop peu d'argent pour voyager autrement. J'essayais de voir dans quelle direction il fallait que je parte quand un coup de klaxon me fit sursauter. C'était le père d'Ann, qui avait garé sa voiture de l'autre côté du pont et me faisait signe de venir. Après toutes ses insultes, c'était à ne rien y comprendre. Comme il n'y a rien à comprendre, d'ailleurs, à l'incohérence des rapports entre les Blancs et nous. On ne peut jamais savoir ce qu'ils ont derrière la tête.

La veille encore, il m'avait déposé à New-York devant le Museum of American Indian. Mon grand-père m'avait raconté que le fusil de son propre grand-père, le premier *Tahca Ushte*[1] y était exposé dans une vitrine. Je voulais voir à quoi ressemblait ce fusil, et le père d'Ann avait eu la gentillesse de m'y emmener.

En fait, il s'avéra que le fusil n'était pas en vitrine; ils l'avaient retiré de l'exposition pour le mettre en dépôt au sous-sol. Je pus y avoir accès grâce à l'intervention du conservateur qui connaissait ma grand-mère Nelly Fire pour l'avoir rencontrée un jour sur la réserve. C'était un lourd fusil à canon rectangulaire, orné d'une médaille de paix de je ne sais quel président, mais ce n'était pas cela qui m'impressionnait. Je touchais l'arme que mon arrière-arrière grand-père avait touchée, et je l'imaginais avec. C'est un grand privilège pour nous de pouvoir tenir quelque chose ayant appartenu à un ancêtre parce qu'en général, quand un Indien meurt, tous ses vêtements, ses armes et ses biens sont soit distribués, soit détruits, soit enterrés avec lui. Et si j'avais la chance aujourd'hui d'avoir ce fusil entre les mains, c'est parce qu'on l'avait volé à son propriétaire au moment où celui-ci avait été tué. En somme, je devais cette chance à l'homme qui m'appelait maintenant de l'autre côté de la route, après m'avoir agoni des pires injures... J'avais du mal à le croire.

Bref, comme je ne bougeais pas, il descendit de voiture et vint à ma rencontre.

---

1. *Lame Deer.* L'histoire de ce fusil, volé par le Général Miles, est raconté dans le livre du grand-père de White Bird, « De Mémoire indienne ».

« Écoute, commença-t-il, il faut que je te parle. D'accord, j'ai dit des mots que je n'aurais pas dû, mais c'est fait. Maintenant, je voudrais faire quelque chose pour t'aider. Je pense que tu veux retourner chez toi ? »

J'opinai de la tête. Il proposa de me donner la VW-Coccinelle 69 avec laquelle il était venu, et sortit de sa poche quatre cent dollars qu'il me tendit. Quatre billets de cent dollars ! Jamais je n'avais vu un seul billet de cent dollars, et ces quatre-là étaient pour moi.

J'acceptai son offre, bien décidé à rentrer sur la réserve. Sur le chemin du retour, nous nous arrêtâmes d'abord au City Hall pour changer le titre de la voiture, puis chez l'assureur, enfin chez un marchand de homards car il voulait en acheter pour le dîner. A ce propos, je fus un peu surpris de voir qu'à l'état naturel ils n'étaient pas rouges comme sur les photographies de recettes, quand ils sont prêts à être servis. Ce fut encore un motif d'étonnement et de méfiance. Décidément, il y a tant de manières de faire mentir la réalité en ne présentant les choses que par fragments, ou sur un bout de papier, ou tout simplement en ne les expliquant pas. Cela me fait penser à tous ces chefs indiens qui ont ratifié des traités sans se rendre compte exactement de ce qu'ils signaient, mais en sachant pertinemment que ces traités ne seraient pas respectés, et que l'on continuerait à leur prendre toujours un peu plus de terre. Les homards étaient un cadeau supplémentaire du père d'Ann, qui savait que je n'en avais jamais mangé. A nouveau, il se faisait aimable : c'était le statu quo en attendant mon départ, dont nous étions convenu pour le lendemain.

Le matin suivant, j'avais changé mes projets. Je préférais profiter de la voiture et de l'argent pour rester quelques semaines de plus sur la Côte Est et voir à quoi ressemblait la vie en milieu urbain. J'appellai sur la réserve un de nos voisins qui avait le téléphone et, d'intermédiaire en intermédiaire, réussis à entrer en contact avec un de mes oncles qui avait vécu à Boston. Il me donna une adresse à Endhover dans le Massachussets, puis me conseilla, de là, de monter jusqu'au Boston. Un peu plus rassuré de la tournure que prenaient les événements, j'allai préparer mes affaires. Je n'eus pas à saluer le père d'Ann qui était parti à son bureau, mais me trouvai bientôt en face d'elle. Elle me dit seulement : « Tu pars, hein ? » Nous devions nous revoir un mois et demi plus tard à Saint-Francis, mais il y avait beaucoup d'émotion. On avait dressé entre nous une barrière morale ou, pour dire les choses comme elles sont, une barrière raciale qui nous blessait tous deux profondément. Pour éviter d'en parler, je lui dis que je me rendais à Endhover, et qu'ensuite je retournais à Rosebud. En la quittant, je ne réalisai pas à quel point elle était bouleversée, car plus jamais je ne la revis.

Je l'eus plusieurs fois au téléphone par la suite, de Endhover et de Boston. Depuis mon départ, elle était en conflit permanent avec son père qui ne voulait pas qu'elle retourne sur la réserve et qu'elle me revoit. Cet homme autoritaire et possessif voulait pouvoir contrôler la vie de sa fille et s'en donnait les moyens. A aucun moment il n'a pu comprendre qu'Ann et moi étions réellement proches l'un de l'autre, ni admettre l'idée que nous puissions avoir des projets ensemble. La dernière fois que je téléphonai, c'était pour apprendre qu'Ann venait de se suicider.

Mon oncle de Boston est un personnage sur lequel il faut que je dise un mot, car il fut un des premiers Indiens à être sorti diplômé de l'Université de Harvard, pour laquelle il avait obtenu une bourse à son retour de la guerre du Vietnam. C'est le plus jeune frère de mon père. Il vit maintenant à Pierre (Sud Dakota), où il contribue à la défense des intérêts et droits indiens à travers des organismes politiques. Il travaille en effet pour le Bureau of Indian Affairs du Sud Dakota, et fait partie également des quelques personnes chargées de répartir l'argent fédéral de Washington entre les différentes tribus ou réserves de cet état. C'est quelqu'un qui possède toujours sa tradition et prie avec la Pipe mais qui, en raison de son éducation, de ses responsabilités et des gens avec qui il travaille au B.I.A., a adopté quelque peu les manières d'un « col blanc ».

Je passai deux semaines à Endhover, chez les amis de mon oncle. Ils m'avaient trouvé du travail dans un garage, un de ceux qui immobilisent votre voiture pendant trois jours quand il n'y a que deux heures de réparation à faire dessus. Je ne voulais pas m'y éterniser, et m'adressai au Centre Indien de Boston qui me convoqua dès le lendemain, car ils étaient précisément en train de recruter des professeurs auxiliaires pour leur programme de cours d'été. L'idée que je puisse être embauché m'amusait beaucoup : je n'avais été à l'école que jusqu'au 10ᵉ degré, et encore... je ne sais pas si on peut compter les dernières années. Peut-être cette fois-ci la chance allait-elle être de mon côté.

Dès mon arrivée, on me fit passer devant un jury pour tester mes capacités. Lorsque je leur annonçai d'où je venais, l'un des membres présents demanda :

« Et Leonard Crow Dog, est-ce que vous le connaissez ?

– Bien sûr, c'est mon oncle. »

Il avait également entendu parler de Black Elk et de Lame Deer. Quand il apprit quelle parenté me liait à eux, il me dit qu'il y avait un poste d'auxiliaire à pourvoir pour un cours d'enrichissement culturel. Le fait que je n'aie pas dépassé la classe de 3e les embarrassa un peu, mais cet homme plaida pour moi : connaissant la vie de la réserve et ayant été élevé par mes grands-parents dans la tradition, cela ne me préparait-il pas mieux que quiconque à cet emploi, avec ou sans diplôme ? Les enfants, à qui il s'agissait de parler de leurs racines, de la nature, et qu'il fallait éveiller à la sensibilité indienne, avaient été pour la plupart élevés dans les villes et ne connaissaient presque rien à leur culture. Certains savaient à peine à quelle tribu ils appartenaient, à quelle branche ou à quelle nation ils étaient rattachés, de quelle région ils venaient. Le jury se concerta brièvement, puis m'accorda une heure de réflexion. De leur côté, la décision était prise. Comme je ne voulais pas perdre de temps, je dis :

« Vous savez, je n'ai pas besoin d'une heure pour réfléchir ! L'idée me plaît et j'ai besoin de ce travail. »

Pour moi, c'était une sorte de défi : accepter ce

poste sans savoir précisément en quoi il consistait, saisir la chance et la tenter.

C'est ainsi que sans avoir le moindre diplôme ou certificat, j'eus la responsabilité d'enseigner à des enfants entre six et quinze ans. Tout était organisé par le Centre. On me fournit un emploi du temps, un programme pour chaque classe allant jusqu'à la fin de l'été. Parfois, les cours avaient lieu dans un parc, ou même hors de la ville, en pleine campagne. Les gens du Centre se montrèrent particulièrement coopératifs et essayèrent par tous les moyens à leur disposition de m'aider et de me faciliter la tâche. Dès le premier jour, une femme s'était adressée à moi en disant « Mister White Bird ». Par la suite, aucune personne du Centre ne m'appella Clark, pour tous, j'étais Monsieur White Bird ! Ce titre supposait de leur part un grand respect. Ces gens ne me connaissaient pas, et pourtant ils m'accordaient d'emblée leur confiance.

L'enseignement en lui-même était très éclectique, mais en résumé, on pourrait dire qu'il se voulait un éveil à une forme d'indianité. Venait d'abord la tradition, décrire les différents rites, raconter leur origine, expliquer leur symbolisme ; parler de l'artisanat, de la manière de vivre hier – telle que les grands-pères l'ont transmise –, et aujourd'hui ; comprendre les particularités de telle ou telle tribu, les affinités, les divergences, etc. Les cours consistaient aussi à expliquer ce que représente la nature pour un Indien, un univers de signes et de richesses : le soleil, la terre, cet arbre, cette pierre, cette plante et ses propriétés ;

les animaux, comment par exemple on savait autrefois utiliser toutes les parties d'un cerf ou d'un bison pour fabriquer armes, outils, vêtements, ustensiles, sans rien perdre de l'animal. Enfin et surtout, il s'agissait de réveiller chez ces enfants les réflexes et les sensations qu'ils avaient perdus dans les villes, de les rendre attentifs aux messages de la nature : savoir se repérer avec la course du soleil ou la mousse sur les arbres, écouter le silence; être capable de construire rapidement un abri, de faire démarrer un feu, ou bien apprendre qu'un feu peut démarrer naturellement avec une goutte de rosée et un rayon de soleil; ressentir l'énergie dégagée par les plantes et les pierres... Autant de connaissances dont les Indiens ne sont bien sûr pas les seuls à détenir le secret, de même qu'ils ne sont pas les seuls à souffrir des méfaits infligés à l'environnement. Mais il y a toujours eu entre la nature et nous un pacte silencieux qui impose le respect.

C'était un peu de cette connexion subtile que j'essayais de transmettre aux enfants, pour qu'ils n'oublient jamais que cette terre est notre maison à tous, le grand tipi des hommes. Que nous possédions chacun nos habitations, nos terres, c'est un fait; mais d'un bout à l'autre de la planète, les arbres, les rochers, les rivières sont notre propriété commune, héritée de nos pères et promise aux générations à venir. L'âme indienne se nourrit aux forces de la terre et du cosmos, elle y puise sa substance. Or chaque fois que l'équilibre naturel est rompu, ou que l'on brise ce lien privilégié, l'âme s'en ressent. La destruction des bisons, le ghetto des réserves et maintenant l'intégration urbaine où sont enseignées en priorité les valeurs de la société américaine, ont contribué et contribuent encore à nous éloigner de nos racines. On me demandait de rendre à ces jeunes la conscience de cette interdépendance.

Mes grands-parents m'avaient fait comprendre tout au long de leur enseignement qu'il n'y a pas de fossé fondamental entre le monde de la réalité et le monde des symboles. Les signes et les énergies secrètes des esprits se manifestent partout autour de nous, mais ce que la plupart des hommes ont perdu, c'est la faculté de les percevoir et de se sentir enveloppés par eux. Lorsque vous sculptez une pierre, elle devient sacrée, car vous y mettez la beauté que vous avez en vous. Vous êtes le seul maître d'œuvre. Par la suite, quelqu'un remarque cette sculpture, s'en approche, la touche, la caresse; il peut sentir en elle la personne qui l'a modelée. Tout ce que vous faites avec vos mains a le pouvoir que vous lui conférez et devient une partie de vous. Voilà comment je comprends ce qui naît de la main de l'homme, et comment on applique son énergie à la matière pour la rendre vivante et sacrée. Mais les gens ne sont pas assez attentifs à tous les signes et symboles présents dans la nature. Chaque pierre de la création est pourtant en soi une mémoire, un esprit, une histoire; chaque pierre vibre d'une énergie transmissible. Chaque élément de la création a ce même pouvoir de manifestation et participe à un cycle de vie dans lequel nous sommes tous impliqués. Ainsi en est-il des êtres humains et des animaux quand ils naissent, grandissent, laissent des traces de leur passage, retournent à la terre, manifestent un nouveau cycle, puis un autre. Leur énergie, comme celle des pierres, imprègne l'espace et jamais ne s'y perd. C'est une particule de vie pure, ni positive, ni négative, que l'on peut *voir* ou *ne pas voir,* mais qui est là.

Précisément, le pouvoir du *medecine-man* réside en sa faculté d'attirer cette énergie pour la contrôler et de lire les signes. C'est son rôle de les interpréter et de les utiliser à bon escient, pour aider la personne qui convient. Parce qu'il détient ce pouvoir, il entre plus facilement en contact avec le monde des esprits. Son existence se passe entre ici et là. Quant aux objets sacrés – qui sont pour lui des outils de connaissance et de communication avec le spirituel –, ils sont le reflet de l'énergie dont on les a investis et que l'on maintient en eux à travers le temps et les générations. J'ai toujours avec moi une pierre sacrée qui me vient du grand-père de mon grand-père. Elle possède sa vie propre, son énergie propre. Quand elle m'a été donnée, elle était enveloppée dans une plume de duvet d'aigle comme dans une couverture. Cette plume blanche qui la protège représente le souffle de *Tunkashila Wakan Tanka,* le Grand Mystère, et me rappelle sans cesse qu'il est présent à mes côtés. En transmettant son énergie, cette pierre m'aide tout au long du chemin, car elle perpétue le mouvement, la force d'être en mouvement ici-bas. Elle accompagne mon peuple depuis déjà un siècle, et à chaque génération, quand elle passe d'une main à une autre, son pouvoir grandit. Plus tard, cette petite pierre continuera à guider mon fils ou ma fille, puis le fils ou la fille de l'un ou l'autre. Elle sera éternellement vivante tant qu'on la fera vivre. Pour moi, lorsque je tiens cette pierre au creux de ma main, je sens respirer *Shankila Washte,* le premier Good Fox. C'est pourquoi je dois prendre soin d'elle, car si je la perds, je sais que je me perds.

Le *medecine-man* a aussi la capacité de transformer les énergies qu'il attire. Il peut changer les pensées des gens par sa seule présence, comme je l'ai raconté au sujet de mon grand-père arrivant dans une assemblée. Il peut aussi changer les énergies et purifier l'atmosphère en employant des herbes ; c'est notamment le cas dans les cérémonies, par exemple au début du *Yuwipi* et d'un *Lowampi,* où les herbes que l'on brûle ne correspondent pas uniquement à une technique, mais ont aussi une incidence symbolique.

La sauge sert avant tout à purifier l'environnement ; nous brûlons ensuite d'autres herbes. Les branches de *cedar* [2] sont utilisées pour attirer tous les esprits, qu'ils soient négatifs ou positifs, et la fumée qu'elles dégagent sent très bon. On peut dire du *cedar* qu'il agit comme un aimant. La *sweet-grass* [3], elle, n'attire que les énergies négatives, qui sont indispensables pour maintenir l'équilibre. Donc, dans l'ordre, nous brûlons d'abord de la sauge, puis du *cedar*, puis de la *sweet-grass,* et encore de la sauge pour disperser la négativité, contribuant ainsi à une

2. Il s'agit d'un thuya géant (thuya placita), communément baptisé « cèdre » aux U.S.A., bien qu'ayant la forme d'un cyprès avec lequel il est parfois confondu. Répandu dans le Nord-Ouest des États-Unis et du Canada, il peut atteindre 40 mètres de hauteur. Les Indiens du Canada l'utilisaient autrefois pour fabriquer leurs mâts-totems.

3. L'herbe de bison.

nouvelle purification de l'air. Cette purification peut sembler n'être qu'un mot, ou un procédé physique de transformation des énergies, alors qu'en réalité, ceux qui sont réunis pour la cérémonie sentent la transformation s'opérer à l'intérieur d'eux-mêmes. Les fumées sont extérieures, mais les sensations, les pensées viennent de l'intérieur.

Modifier le mouvement de la vie en transformant les énergies sans les respecter peut parfois s'avérer très dangereux. C'est pourquoi nous nous adressons en général à ceux qui savent.

Il m'est arrivé, une fois, de vouloir changer le cours des événements. Maintenant, j'ai compris! Je ne crois pas au hasard, je crois que les choses ont une raison d'être et que les événements, quels qu'ils soient, ont un sens. Les accidents, même s'ils peuvent paraître imprévisibles et injustifiés, ne sont pas le résultat du hasard. La seule chose que je peux dire à leur sujet, c'est qu'ils se reproduisent quand quelqu'un ne s'est pas conduit comme il aurait dû le faire, créant lui-même une rupture dans l'ordre des choses. Cela paraît aussi évident que de dire de l'orage qu'il éclate à cause d'un gigantesque désordre électrique dans le ciel. On sait que de cette confrontation d'énergies naît la pluie, la purification, mais suit-on jamais le même cheminement à propos d'un accident ?

Une nuit, j'ai fait un rêve, et lorsque quelques jours plus tard je l'ai vu se dérouler sous mes yeux, j'ai voulu le changer...

J'étais alors en Allemagne, et devais aller retrouver

un de mes oncles[4] – qui faisait une tournée de conférences – près de Nancy, en France. Une semaine environ avant de partir, j'ai rêvé que je rencontrais à Nancy une femme que je connaissais. Dans un endroit plein de monde, elle surgissait de nulle part apparaissant tout à coup en face de moi, souriante. Nous nous sommes mis à parler et à rire. Et dans mon rêve toujours, je la présentais à mon ami Michel, avec qui elle échangea quelques mots et un sourire. C'était un rêve très positif.

Une semaine passa avant que je me rende à Nancy avec Michel. Là, les choses se mirent en place exactement comme dans mon rêve. Nous nous promenions dans les galeries marchandes d'un grand centre commercial, essayant de nous frayer un chemin au milieu de la foule, quand je me trouvai soudain face à face avec Marie C. Je me mis à rire parce que j'étais surpris; de son côté, elle souriait de m'avoir fait sursauter. A cet instant, le rêve me revint en mémoire. J'allais lui présenter Michel, puis me ravisai. Accoudé à une balustrade, il nous tournait le dos et regardait ailleurs.

Nous sommes restés quelques minutes à discuter, et elle est partie sans qu'une seule fois je ne mentionne la présence de Michel. A plusieurs reprises, elle avait regardé par-dessus mon épaule dans la direction de la balustrade. Elle avait probablement deviné qu'il se passait quelque chose ou que quelque chose manquait, sans savoir exactement quoi. Moi, j'étudiais ses réactions, sachant que je pouvais à tout moment transformer la situation. Mais je ne l'ai pas

4. Il s'agit en l'occurence de Archie Fire Lame Deer, le fils de Lame Deer.

fait, pourquoi ? Le rêve était en train de devenir réel, et il n'appartenait qu'à moi d'y conformer la réalité naturellement, ou de créer une rupture. J'optai pour la seconde alternative.

Plus tard, nous sommes repartis en voiture et il a commencé à pleuvoir. Cette histoire me trottait dans la tête. A un moment donné, nous dûmes ralentir et nous arrêter car il y avait devant nous une longue file de voitures. Nous nous sommes regardés, Michel et moi, et je me suis mis à rire. Il me demanda ce que j'avais. Je répondis que je sentais quelque chose de bizarre, sans lui dire ce que c'était. Puis je tournai la tête pour jeter un coup d'œil vers la vitre arrière, et c'est à cet instant précis que la camionnette nous percuta. Je fus violemment projeté à l'arrière de la voiture, retombant plutôt mal sur le dos et les vertèbres de la nuque. Heureusement, Michel n'avait rien. Je ne perdis pas connaissance, ce qui me permit de faire immédiatement le rapprochement entre cet accident et l'épisode de la rencontre. Je me sentais coupable d'avoir changé un rêve positif en une réalité beaucoup moins souriante. Je venais d'en payer le prix.

Chaque chose doit avoir lieu au bon endroit, au bon moment. C'est vrai dans les rêves comme dans la réalité : toutes les choses ont leur place. Or c'est une très grande responsabilité de vouloir les changer. Mais quand vous avez compris cela, alors la vie peut être envisagée de la meilleure façon qui soit, parce que vous sentez que chaque instant qui vous est donné n'est là que pour vous et pour vous seul. Selon nous, l'esprit de *Wakan Tanka* est l'esprit présent dans toutes les choses de la création, et lorsque nous respectons le temps et le mouvement de toutes ces choses, c'est le plus grand honneur que nous puissions lui rendre. C'est pourquoi on ne tue pas un animal seulement pour le plaisir ; un oiseau, un ours, un poisson, ou même un arbre ont chacun leur propre vie à l'intérieur de leur propre cycle. Tous, nous devrions apprendre à respecter l'ordre de la nature. Si vous le respectez, vous le comprendrez, et vous tisserez entre elle et vous un réseau d'échanges qui vous enrichira tout au long de votre vie. Vous verrez toutes les couleurs de l'être humain qui font de lui un arc-en-ciel éclatant, avec ses deux étoiles d'or aux extrémités. Quand nous regardons un arc-en-ciel, notre esprit obtus nous fait souvent remarquer qu'il n'est pas parfait. Mais cet arc-en-ciel est toujours là, que nous le voyions ou non.

Chapitre 12

Naître dans le ventre de la terre

De retour à Rosebud, vers la fin de l'été, je repris pendant plusieurs mois une vie ordinaire. Mais je savais qu'au fond beaucoup de choses avaient changé. Avec Ann, je m'étais de nouveau approché trop près de la flamme et je m'étais brûlé; je m'étais laissé submerger par mes sentiments, m'écartant chaque jour davantage de l'enseignement de mes grands-pères. Au fil des années, j'étais parvenu à rompre en moi l'équilibre qu'ils m'avaient appris à rechercher, l'harmonie entre le physique, les émotions, le mental et le spirituel. Je n'avais été qu'émotions. Quand, à plusieurs reprises, j'avais essayé de passer un moment avec eux, ils s'étaient toujours trouvés des occupations diverses ou des amis à aller voir. Mais à présent que j'éprouvais le besoin de me rapprocher d'eux, à l'exception de mon oncle Wallace, tous ceux que j'appelais mes grands-pères n'étaient plus là pour m'aider.

Après ces quelques mois à Rosebud et jusqu'à mon départ pour l'Europe, je n'ai vécu en fait que par intermittence sur la réserve. Différents « métiers » m'en ont éloigné. J'ai d'abord travaillé comme charpentier ; puis à Denver, j'ai été soudeur et poseur de vitres sur des immeubles, à quelques centaines de mètres du sol, puis maçon spécialisé dans l'ajustement de plaques de ciment ; enfin, pendant sept ou huit mois, j'ai été garde forestier dans le Parc National des Rocky Moutains. Mais ce n'est pas la partie la plus importante de cette période, qui fut surtout marquée par les voyages que j'ai effectués dans les nombreuses réserves sur tout le territoire des États-Unis, et qui se sont échelonnés sur deux ans. Cette période a également correspondu pour moi à une prise de conscience suivie d'un besoin de revenir à mes sources. Dans mon souvenir, deux événements ont eu une influence majeure : l'un au début alors que j'avais vingt-deux ans ; l'autre à la fin, quelques mois avant de partir pour l'Europe. Il s'agit d'une *Sweat-Lodge* avec mon oncle Wallace, et de ma Quête de Vision que j'effectuai à l'âge de vingt-six ans.

La *Sweat-Lodge* est un moyen de se purifier, de se soigner en éliminant toutes les toxines accumulées dans le corps. Du point de vue spirituel, c'est un rite qui nous prépare à voir en nous-mêmes et à recevoir les esprits ; à nous éclaircir intérieurement de façon à entrer en communion avec la nature et toutes les choses créées, symbolisées autour de nous par les branches de saule, les pierres, l'autel, l'eau et le feu. Ce rite de purification, ou *Inipi*, se pratique avant chaque cérémonie, que ce soit une Danse du Soleil ou une Quête de Vision, mais aussi avant toute entreprise requérant force et pureté.

Lorsque, pour contruire la *Sweat-Lodge*, on va d'abord chercher les saules dans un bois, on fait une prière. Au moment de les couper, on offre une pincée de tabac pour remercier toutes les forces de la nature et pour s'excuser d'arracher la vie de ces arbres, de les soustraire à leur environnement. On prend vingt jeunes saules blancs – ou parfois un peu plus – qui vont servir à la structure de la *Sweat-Lodge*. Ils représentent l'énergie vitale, et leur pouvoir dépend en partie de la manière dont on les a abattus et transportés sur le lieu choisi, du respect dont on les a entourés. Parmi ces vingt saules, deux vont représenter l'Est, deux l'Ouest, deux le Nord, deux le Sud. On les plante en terre en déposant à leur pied un peu de tabac pour les aider et les fortifier. On fait en sorte d'appliquer toujours à la construction d'une *Sweat-Lodge* une part physique de soi-même, une part spirituelle, et une part mentale qui réside dans notre savoir-faire et dans la raison pour laquelle nous désirons cette *Sweat-Lodge*.

Après avoir planté les huit premiers saules aux quatre points cardinaux, nous les plions et les attachons deux à deux avec leur opposé, de façon à former un dôme : l'énergie se propage à travers eux d'est en ouest et d'ouest en est, du nord au sud et du sud au nord, en suivant la courbe qu'on leur a donnée. Cette disposition a pour but de nous rappeler nos quatre directions initiales, entre lesquelles nous circulons indéfiniment, et de nous faire comprendre que notre vie se développe en harmonie entre l'est et l'ouest, le nord et le sud [1].

Entre les points cardinaux, c'est-à-dire au sud-est, sud-ouest, nord-ouest, nord-est, on plante ensuite huit autres saules (quatre fois deux), qui sont pliés et attachés de la même manière. Ils représentent les quatre vents entre les quatre points cardinaux, ce qui porte à huit le nombre de nos directions.

Ces seize jeunes saules (huit fois deux) sont reliés entre eux à leurs intersections. Puis les quatre derniers saules coupés sont disposés de bas en haut en quatre cercles horizontaux distincts, qui sont passés entre les seize autres arches de la construction comme s'ils étaient tissés : une fois à l'intérieur, une fois à l'extérieur. On commence par le bas, avec le plus grand cercle, puis on installe les autres en remontant vers le sommet. Je reviendrai plus loin sur la signification de ces cercles. Sur le dernier, le plus haut, on accroche cent cinq *tobacco ties* [2] reliés les uns aux autres par une ficelle qui court en guirlande autour du bois. Ce dernier cercle contient en lui à la fois l'énergie physique, le cœur et l'émotion qui ont été déployés pour l'édification totale de la structure.

L'ensemble de la charpente forme maintenant comme une petite hutte que l'on recouvre d'une bâche en tissu (autrefois on y mettait des peaux, des couvertures ou des branchages). Une fois terminée, la *Sweat-Lodge* a la même forme arrondie que le ventre d'une femme enceinte allongée sur le dos.

---

1. Voir planche 5.
2. Petits sachets de tabac confectionnés dans un carré de tissu et fermés par une ficelle.

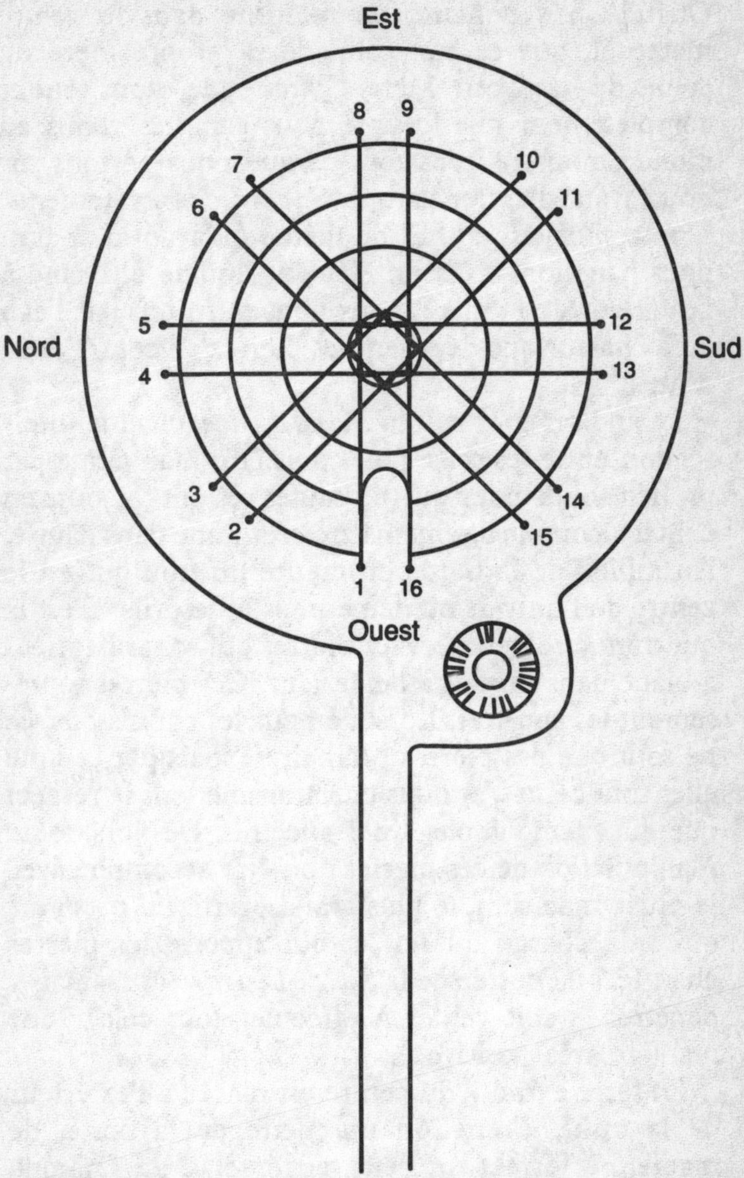
Est
8
9
7
10
6
11
5
12
Nord
Sud
4
13
3
14
2
15
1
16
Ouest

Quand on y pénètre, on retourne dans le ventre maternel, que ce soit celui de sa propre mère ou celui de la Terre-Mère. Parce que nous étions complètement nus lorsque nous sommes venus au monde, nous retirons tout ce que nous portons sur nous avant d'entrer dans la *Sweat-Lodge*, vêtements, montres, objets, etc. Et de même qu'avant de naître nous baignions dans un élément liquide et chaud à l'intérieur de la mère, nous nous purifions par l'eau et la chaleur que dégagent les pierres au centre de la hutte.

Quand on construit la *Sweat-Lodge*, chaque intersection entre les seize pôles doit être maintenue par un lien solide pour que les saules restent toujours en contact, comme des mains croisées l'une dans l'autre. Au milieu de la hutte, on creuse un trou qui est le centre de l'univers où demeurent les esprits. C'est là que vont être déposées les pierres qui sont chauffées à blanc dans un feu à l'extérieur. Ces pierres représentent les ancêtres. Lorsque nous les choisissons, ce ne sont que des pierres ordinaires; mais par la suite elles sont bénies, et nous leur transmettons le respect que nous témoignons à nos ancêtres. Dès lors, toute manipulation de ces pierres doit être accomplie avec le plus grand soin, le plus grand égard. La personne qui a la charge du feu et qui apporte les pierres chauffées à l'entrée de la *Sweat-Lodge* – sans jamais y pénétrer – doit veiller à effectuer tout cela d'une manière très positive.

La terre extraite du centre est placée à l'extérieur de la hutte, à environ un mètre de la porte, de manière à former un petit tertre aplati au sommet.

Tout autour de lui, à même la pente, on dispose vingt-quatre bâtonnets qui sont les coupes du bois qui n'a pas été utilisé pour la structure de la hutte ou qui – pour le cas où il ne reste rien – proviennent des quelques saules que l'on prend généralement en plus. A côté de la « Loge-Mère », cet autel symbolise la Lune avec ses douze aspects positifs et ses douze aspects négatifs. Quand nous passons devant lui avant d'entrer dans la *Sweat-Lodge*, nous y déposons nos objets sacrés – pipe, cristal, pierre, – ou personnels – bracelets, bagues, montres – qui seront gardés par les vingt-quatre bâtonnets. Comme je l'ai dit, nous pénétrons dans la Loge aussi nus qu'un enfant à la naissance, pour retrouver notre pureté originelle.

La porte de la *Sweat-Lodge* est toujours orientée à l'ouest [3]. C'est dans cet axe, à une dizaine de mètres à l'extérieur, qu'est installé le feu rituel où sont chauffées les pierres. Le foyer et la Loge sont reliés par un chemin emprunté par l'assistant chargé d'apporter les pierres. A chacune de ses extrémités, le chemin se termine par un cercle symbolique qui entoure d'un côté le foyer, de l'autre la Loge.

Lorsque celui qui dirige la *Sweat-Lodge*, l'officiant, est sur le point d'entrer, suivi des participants, il franchit ce cercle à l'ouest, près de la porte, et contourne la Loge dans le sens nord-est-sud, c'est-à-dire dans le sens des aiguilles d'une montre. Il passe ainsi devant l'autel, puis parvient à l'ouest devant l'entrée. Une fois à l'intérieur, il se déplace dans le même sens en tournant par la gauche, et va s'asseoir

3. Et non à l'est, comme c'est le cas pour l'entrée du tipi ou celle de la Danse du Soleil.

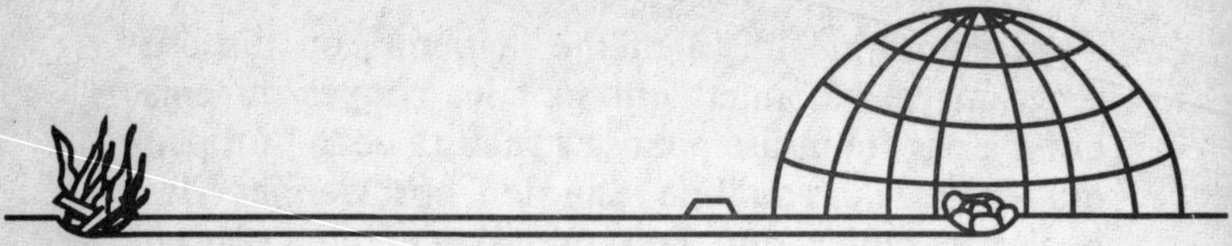

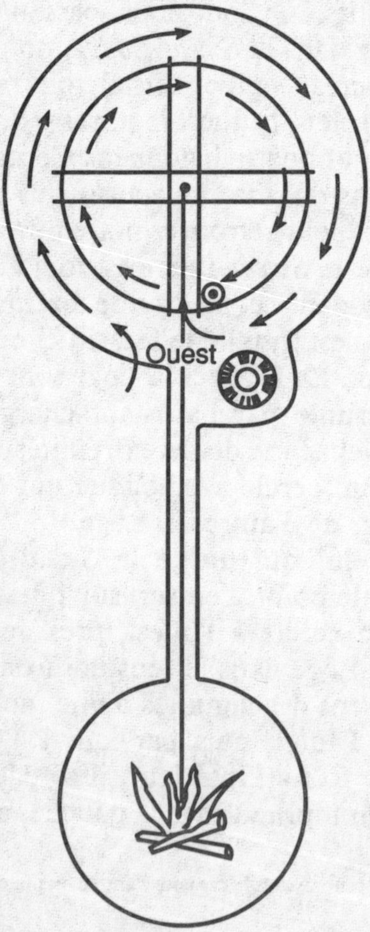
Est
Nord
Sud
Ouest

à droite de la porte. Il fera de même pour sortir, ainsi que tous les participants, chacun décrivant un cercle complet à l'intérieur de la Loge. Ceci est une reconnaissance que les ancêtres sont tout autour de nous, et que la *Sweat-Lodge* constitue un moyen de revenir à l'intérieur de ce cercle sacré [4].

Tant que l'on est dehors, c'est bien de rire et de parler, mais quand vient le moment d'entrer, il faut laisser ce que l'on sait à l'extérieur de la porte, sur l'autel : oublier la religion, la politique, ses soucis quotidiens, ses préoccupations immédiates. Lorsque l'on entre, on entre pour se purifier, pour prier humblement – pour soi et non pour les autres. On peut être facilement distrait par la présence des différentes personnes ; c'est la preuve que l'on n'est pas prêt, que notre esprit est ailleurs. A l'intérieur, on doit montrer du respect pour toute la création, y compris pour celui qui est assis à côté de nous. Les ancêtres – les pierres – ne sont pas introduits au centre seulement pour soi ou pour quiconque en particulier, mais pour tout le monde à la fois.

Quand les participants sont assis, on apporte donc les pierres. Elles sont introduites en quatre étapes successives. Quatre fois la porte est ouverte, à quatre reprises la Loge est plongée dans l'obscurité. L'officiant est chargé de verser de l'eau sur les pierres pour élever la température, de diriger le rite et les prières, de contrôler que tout se passe bien pour chacun.

La première porte est pour notre physique, pour nous-mêmes. Elle correspond au premier cercle qui

---

4. Entre le moment où il entre et le moment où il sort, chaque participant a affectué un cercle complet (voir planche page 178).

entoure la structure de la Loge, le cercle inférieur. Cette porte est la conscience de notre corps et de nos sensations physiques.

La seconde porte est pour notre mental (de même le second cercle symbolise le monde mental). Cette étape doit nous permettre de comprendre et d'accepter ce que nous sommes en train de faire.

La troisième porte est pour nos émotions, qui nous ouvrent aux pouvoirs purificateurs. Avec elle, nous réalisons le sens de la prière et son importance pour renaître ensemble. Il fait de plus en plus chaud dans la *Sweat-Lodge* et chacun en ressent les effets dans son corps et dans son mental. Le corps se purifie en éliminant les toxines, et il appartient à chacun de transformer cette énergie dans son esprit pour que le corps supporte la chaleur et que l'on cesse d'y penser. La troisième porte est en général la plus difficile à traverser. Le corps respire mieux, élimine, renaît. Mentalement, nous vivons une nouvelle naissance dans le ventre de la Terre-Mère. Cette re-naissance nous bouleverse et suscite en nous des vagues d'émotions.

La quatrième et dernière porte est pour la spiritualité. On prie maintenant avec les quatre composantes de son individualité, le physique, le mental, l'émotionnel et le spirituel, comme un être complet. Cette porte est celle de la compréhension et de la reconnaissance du mystère de la vie. Lorsqu'elle sera ouverte, on sortira en pleine lumière aussi neuf qu'un nouveau-né. Elle est liée au dernier cercle situé au sommet, là où sont enroulées les offrandes de tabac. Vu du dessus, le sommet de la Loge forme une étoile. À la différence de l'étoile de David, celle-ci a huit pointes. Dans ce dessin, il y a autant d'espoir que dans une étoile.

C'est à cet endroit que se tient l'Aigle Spirituel [5] qui a recueilli nos prières et dirigé l'énergie venue du ciel, des quatre directions, de toute la création, pour la centrer sur la terre où nous sommes assis. Quand s'achève la quatrième porte et qu'elle est finalement ouverte, toutes nos prières et nos impuretés forment un nuage qui vient envelopper l'Aigle. Celui-ci emporte le nuage haut dans le ciel et le dissipe sur toute la création, annonçant qu'une nouvelle naissance vient d'avoir lieu. Nous sommes nés à nouveau.

En effet, lorsque l'on sort de la *Sweat-Lodge*, on ressent intensément l'énergie vitale autour de soi et en soi, plus forte, plus fraîche, renouvelée. Tel est le sens du rite de purification. Revenus dans le ventre de notre mère la Terre, nous nous sommes lavés de tous nos excès, réveillant à chaque porte un niveau de compréhension différent pour parvenir à une grande clarté intérieure. C'est pourquoi il faut savoir rester humble et reconnaissant devant cette *medecine* naturelle, qui met tant d'éléments en action pour nous aider.

Une fois la cérémonie terminée, on laisse le plus souvent la structure de la *Sweat-Lodge* sur place, et il arrive que les jeunes saules reprennent racine d'eux-mêmes, se mettent à pousser et à bourgeonner enla-

5. Ou l'Oiseau-Tonnerre (Wakinyan Tanka), de même que les Êtres-Tonnerres, selon la spiritualité sioux, sont en réalité des avatars de Wakan Tanka. Manifesté sous la forme d'un Aigle, il a pour fonction particulière de débarrasser le monde de ses impuretés.

cés les uns aux autres. Et tandis qu'ils grandissent, les quatre cercles horizontaux éclatent, ouvrant la hutte comme une fleur. On peut aussi laisser la Loge et veiller à ce qu'elle reste telle quelle pour d'autres utilisations. On peut encore la dénouer pour que les arbres reprennent leur position naturelle. A vrai dire, il n'y a pas de règle, tout dépend des raisons qui nous ont amenés à faire cette *Sweat-Lodge*. Quant aux pierres, on doit les sortir du trou dans lequel elles ont été déposées. On les place autour du foyer qui a servi à les chauffer, le long du chemin qui mène à la hutte et autour de celle-ci. Elles ne doivent jamais servir deux fois, mais « gardent » la *Sweat-Lòdge* en témoignage d'un enseignement passé. Elles rappellent que les ancêtres sont là en permanence pour protéger de nouvelles vies, qu'ils sont toujours, éternellement présents.

Le nombre des pierres utilisées au cours d'une *Sweat-Lodge* varie en fonction de la cérémonie à laquelle on se prépare. Si par exemple, on s'apprête à faire une *Hamblechia*, une Quête de Vision, il est possible de n'employer que six pierres pour chaque porte, symbolisant les six directions : devant, derrière, à droite, à gauche, au-dessus, au-dessous. Si par contre on désire faire une *Sweat-Lodge* pour prier avec la Pipe Sacrée, on peut utiliser huit pierres, quatre pour les directions cardinales, quatre pour les vents. On introduit huit pierres à chacune des portes, soit un total de trente-deux. Trente-deux est le nombre des côtes d'un bison, ce qui est en soi une image significative de plus pour notre peuple : nous tenons notre force du bison et de sa manière d'agir.

Par ce qu'il suggère, ce nombre nous aide à réaliser que nous sommes plus forts que nous le croyons. Si l'on veut se purifier en vue d'une guérison, on peut faire venir une soixantaine de pierres, ou bien ouvrir successivement six portes, jusqu'à être vraiment nettoyé de toutes ses impuretés.

Quel que soit le cas, on sort toujours d'une *Sweat-Lodge* épuisé, mais dans un état de bien-être et de sérénité complet. Après être allé au bout de ses émotions, on se sent apaisé, heureux de partager ce moment avec les autres, en qui on reconnaît la même force. Cela n'a rien à voir avec un sauna ordinaire, au cours duquel on peut aller et venir, ou même prendre une douche. Dans la *Sweat-Lodge*, on reste jusqu'au bout, tous ensemble. Et si nous sommes dans une disposition vraiment spirituelle, alors nous devenons conscients de la vie qui nous entoure, nous sentons la renaissance s'opérer en nous, en même temps qu'un désir fou de remercier la création tout entière.

Au moment où, quelques mois après mon voyage sur la Côte Est, j'allai voir Wallace Black Elk, ma grand-mère Nelly Fire venait de mourir. Il ne me restait plus que mon autre grand-mère Laura Left Hand Bull. A la suite de la *Sweat-Lodge* que je fis alors avec mon oncle, je sus que, même si physiquement je ne pouvais plus ni les toucher, ni les voir, mes grands-parents continuaient à vivre autour de moi et à travers moi. Je pris aussi conscience que le *pouvoir-medecine* de ces deux familles ne mourrait jamais.

La *Sweat-Lodge* avait été construite dans la montagne près de Boulder, où habitait alors mon oncle Wallace. Boulder est une petite ville au nord-ouest de Denver, sur les contreforts des Rocheuses. Lorsque nous pénétrâmes dans la Loge, mon oncle me fit asseoir au fond, à la place d'honneur. C'était lui qui officiait. Nous avions décidé de consacrer cette *Sweat-Lodge* à la reconnaissance de ce qu'est un guerrier, de ce que doivent être sa voie et sa conduite. Nous commençâmes à prier. On apporta les pierres quatre fois. Juste avant que ne s'ouvre la dernière porte et que l'on sorte, Wallace se tourna vers moi et je le sentis très ému. Au sens spirituel, avec ses yeux spirituels, il venait de voir simultanément son père et mon autre grand-père Lame Deer assis de part et d'autre de moi. A ma droite et à ma gauche, les deux personnes qui participaient à la *Sweat-Lodge* avec nous avaient conservé leur corps mais non leur visage. Wallace me dit plus tard que ces deux visages étaient venus délivrer un message. Une fois dehors, il m'avoua qu'il avait eu très peur pour moi et expliqua :

« Tes yeux étaient comme deux pierres rouges incandescentes... C'est la première fois que je vois cela moi-même, mais j'ai déjà entendu mon grand-père parler de ce phénomène. Il disait que celui à qui cela arrive a fini d'être un guerrier sur le plan physique pour devenir un guerrier spirituel ».

Nous restâmes lui et moi silencieux, puis il ajouta :

« Les esprits sont venus à tes côtés pour que tu saches ce que tu dois faire. Maintenant, tu es sous leur protection. »

Chapitre 13

Voyage dans les tribus

Mon voyage à travers les réserves a consisté en quatre tours consécutifs répartis sur deux ans. Ce fut pour moi l'occasion d'apprendre qu'il y a cent cinquante-six tribus sur le territoire des États-Unis. Je n'ai pu toutes les visiter, ce qui me laisse penser que ce voyage n'est pas encore fini.

Plusieurs raisons m'ont amené à entreprendre ce périple. D'abord, je voulais voir si la vie sur les autres réserves était la même que chez nous, Lakotas ; je souhaitais rencontrer des Indiens d'autres traditions, pratiquant d'autres rites avec d'autres *medecines*, même en sachant que leur culture restait malgré tout similaire à la nôtre. Mais j'avais surtout en tête d'essayer de comprendre pourquoi nous étions si désunis. Aux États-Unis, nous ne sommes plus qu'un million quatre cent mille Indiens, et pourtant nous ne parvenons pas à parler d'une seule voix. Certains mouvements politiques tels que l'A.I.M. ont essayé, dans les années soixante-dix, de s'exprimer au nom de tous les Indiens, mais sans doute parce qu'ils étaient trop politisés ou trop radicaux, ils n'ont pas reçu de la part des tribus le soutien escompté. Actuellement, la seule association reconnue à la fois par les tribus et le gouvernement est le *National Tribal Chairman Association*, une association qui regroupe tous les présidents des différentes réserves et dont le bureau est élu, ce qui, d'une certaine manière, le rend plus représentatif.

Mon idée n'était évidemment pas de faire de la politique, mais, plus modestement, d'entrer en contact avec des responsables de conseils tribaux – traditionnels et non traditionnels – pour m'assurer jusqu'à quel point ils avaient conscience de ce problème de désunion, et comment, dans les faits, elle se traduisait. En premier lieu, je rencontrai le président de cette association des chairmen, Windel Chino, également président de la tribu des Apaches mescaleros. C'est un homme âgé mais dynamique, très impliqué dans la politique. Sur son conseil, je me rendis chez le vice-président de l'association (aussi président de la réserve navajo), chez le secrétaire (président des Hopis), puis chez le trésorier (président des Apaches hikoris). Ces quatre personnes, qui occupaient les fonctions les plus importantes de l'association, me reçurent très simplement et me conseillèrent, pour être introduit auprès des autres présidents tribaux, de rédiger un projet expliquant ma démarche. Je revins alors à Denver où, avec un ami avocat, Kirk Blue Dog, j'exposai mes idées dans une lettre qui allait me servir d'introduction. Je repartis quelques semaines après, mais cette fois pour un tour beaucoup plus long puisqu'il devait m'amener d'abord sur la Côte Est et, de là, en Californie.

Les quatre premières tribus que je visitai sont parmi les plus traditionnelles et, de ce point de vue, les plus intéressantes. Mais avant d'en parler, je voudrais expliquer comment sont gouvernées les réserves et ajouter quelques précisions sur la vie qu'on y mène.

Chaque tribu, ou chaque réserve, est dirigée par deux conseils, un conseil traditionnel, et un conseil non-traditionnel. Le Conseil tribal (non traditionnel) est constitué de représentants de tous les villages de la réserve. Chaque village ou district envoie un délégué chargé d'élire à la tête de ce conseil un président, un vice-président, un secrétaire, etc. Ainsi, ce conseil représente, à l'intérieur de la réserve comme à l'extérieur, toute la tribu. Il est chargé de traiter d'affaires courantes et politiques, d'une part avec les différents villages, et d'autre part avec l'État et le gouvernement fédéral. Occasionnellement, il peut servir d'intermédiaire entre les individus et ces instances gouvernementales ou le B.I.A. C'est au sein de ce conseil que sont prises toutes les décisions concernant la vie générale de la réserve, ce qui en fait un conseil politique. Je veux dire par là qu'il est tenu de régler ces questions par voie administrative et officielle, à la manière des Blancs. L'éducation, la santé, la gestion des terres relèvent de ses prérogatives, au même titre que les projets de développement économique, l'agriculture, le tourisme, le logement, la construction des routes, des hôpitaux, etc. Chaque année, le Conseil Tribal décide d'un certain nombre de priorités et négocie avec l'État, le Gouvernement ou des sociétés privées pour les mettre en œuvre, mais il ne s'ingère dans la vie des individus que sur un plan général et indirect ; en effet, les aides financières et alimentaires viennent d'ailleurs, du B.I.A. et du gouvernement fédéral.

Le Conseil Traditionnel, ou Conseil des Anciens, est lui d'un tout autre ordre. Il est formé de chefs traditionnels et de *chefs-medecine* qui ne correspondent pas nécessairement à des districts ou à des zones géographiques, mais sont reconnus du fait de leur appartenance à telle famille ou lignée. Spotted Tail était un chef, son petit-fils et son arrière-petit-fils l'ont été. Le Conseil des Anciens est également subdivisé en hiérarchie, avec un chef, un chef en second, un chef en troisième, un chef de guerre, un chef pour la nourriture, un chef pour les meetings, etc, qui ont tous une responsabilité morale face à la tribu. Selon la conception moderne, ils n'ont pas de pouvoir direct, pas d'argent à répartir, pas de moyens de pression matériels, mais ils sont très écoutés et, en général, on tient compte de leurs recommandations. Ils interviennent évidemment pour tout ce qui a trait à la tradition, et aussi – à un niveau personnel et individuel – pour régler des conflits, aider à prendre certaines décisions, orienter les gens.

Enfin, en amont de ces deux conseils – Tribal et Traditionnel – se trouve le B.I.A. dirigé par un fonctionnaire, un surintendant. Chaque Agence [1] possède son propre Bureau of Indian Affairs, qui est une

1. La ville principale de chaque réserve est une Agence, par exemple Rosebud Agency, ou Pine Ridge Agency.

antenne de Washington et sert d'intermédiaire entre le Conseil Tribal et le gouvernement fédéral. C'est lui qui transmet les propositions du Conseil à Washington, distribue et répartit les aides et allocations entre les différents secteurs d'activité, appuie les requêtes et obtient les rallonges de crédit. En réalité, il décide de la politique de la réserve.

Autrefois, comme je l'ai déjà dit, chaque Indien adulte recevait en nom propre une parcelle de terre. Cette loi est aujourd'hui supprimée, et la terre appartient de manière indivise à toute la tribu. Mais par exemple, si quelqu'un désire une parcelle pour commencer un élevage de bœufs ou de chevaux, il peut faire une demande auprès du Conseil Tribal en exposant son projet. En fonction des besoins de la personne et de divers autres paramètres, le Conseil peut accéder à sa requête. Mais il faut alors que cela s'insère dans un budget, déterminé par le B.I.A. Voilà comment on remonte toujours jusqu'au B.I.A.; quoique vous entrepreniez sur une réserve, que ce soit à titre individuel ou collectif, vous aurez toujours, à un moment donné, affaire à lui. Ils sont nombreux à vouloir commencer un élevage, mais bien peu y parviennent parce que précisément la liste d'attente est longue. Sans en avoir l'air, ces démarches vous obligent aussi à fonctionner dans la manière de penser et d'agir des Blancs, car il vous faut présenter un projet en bonne et due forme, le faire accepter, puis signer un accord avec le Conseil Tribal avant de vous engager dans un système de prêt courant sur des années. Si la tribu vous avance pour débuter, disons, cinq ou six vaches et un taureau, il vous faudra les restituer lorsque votre entreprise sera suffisamment développée. Cela vous paraît normal et tout à fait ordinaire à vous, Blancs, mais pour nous c'est toute une mentalité à adopter.

Maintenant, en ce qui concerne les aides que nous recevons de l'État, nous avons, en plus des Allocations Familiales, ce que nous appellons des « *commodities* », des aides en nature sous forme de coupons de nourriture. Tous les mois ou toutes les six semaines, nous nous rendons dans un magasin – il s'agit plutôt d'un entrepôt – où nous présentons notre carte. Si l'on fait partie d'une famille de six personnes, on reçoit six « rations » alimentaires destinées à durer tout le mois. La nourriture se présente toujours en boîtes de conserve. On nous distribue un peu de tout, des fruits, du poulet, du bœuf, des légumes, du lait, mais exclusivement en boîtes; il n'y a jamais de produits frais. Et ces conserves ne sont pas les boîtes standard que l'on peut acheter dans les magasins ordinaires : elles n'ont pas les mêmes qualités nutritives, même si elles nous permettent de ne pas mourir de faim. Par ses excès et ses déficiences, cette nourriture est à l'origine de nombreux déséquilibres, et pour beaucoup responsable de certaines affections qui ne nous touchaient pas auparavant, telles des maladies de circulation sanguine ou cardio-vasculaires, des problèmes de fragilité osseuse due au manque de calcium. Le fait est que, sur les réserves d'aujourd'hui, beaucoup d'Indiens sont très gros, trop gros. En ce domaine comme dans beaucoup d'autres, nous sommes devenus faibles et dépendants. Dans le passé, la nature était abondante et pourvoyait à nos besoins. Notre culture, en tout cas celle des tribus des Plaines, était fondée sur la chasse et la migration des troupeaux. Nous étions libres et prospères. Maintenant, nos lois sont les mêmes que celles des Blancs et nous devons respecter des plans de chasse établis par le Ministère de l'Agriculture et le *Game Fish and Wild Life*, lesquels ne nous autorisent à chasser qu'en certaines saisons et en proportion de certains quotas. Toutes les sociétés du monde sont tenues de respecter des règles de cet ordre afin que les gens coexistent pacifiquement; et comme l'éducation que nous recevons tend à nous inculquer cela, nous n'y échappons pas. Mais parce que d'une part nous perdons nos traditions et que de l'autre nous ne sommes pas encore intégrés; parce que d'une part il nous est très difficile de sortir des réserves, de trouver du travail et que de l'autre nos terres et notre manière de vivre ne nous appartiennent plus, nous nous sentons perdus, démunis et isolés. Les générations à venir seront probablement mieux éduquées, mieux armées... mais pour l'instant nous ne survivons que grâce aux aides du gouvernement, de quelque nature qu'elles soient. Si l'on regarde les choses en face, tous les Indiens ont de quoi manger, de quoi rester vivants, mais aucun n'est vraiment satisfait de sa vie. On nous éloigne de nos racines et on nous assiste, mais sans qu'il y ait aucune perspective positive à la clé.

Avec ces rations alimentaires, on en arrive à des absurdités. Pour reprendre mon exemple, cette même famille de six personnes peut recevoir jusqu'à six paquets de farine blanche par mois, soit soixante livres ! Que voulez-vous qu'elle en fasse ? Qu'elle l'entasse ? De là l'apparition des marchés parallèles, du marché noir. Comme il n'y a pas de travail, vendre une partie de ces « *commodities* » est un moyen rapide de gagner un peu d'argent. Il existe sur la réserve des gens qui ont des connexions à l'extérieur avec des commerçants, ou directement avec des fermiers, et qui vous libèrent de vos surplus de farine ou autres moyennant quelques dollars. Ou mieux encore, ils vous échangent cet argent contre de l'alcool et de la bière qu'ils se procurent hors de la réserve, ce qui leur permet de prendre un premier pourcentage sur la farine qu'ils revendent, puis un second sur l'alcool qu'ils vous livrent. C'est un véritable business, et il faut être très vigilant car la concurrence est sévère. Certains de ces intermédiaires ont la vie courte parce qu'ils pratiquent des taux d'échange trop élevés, tandis que d'autres essaient de casser les prix pour se faire une place. Ainsi on assiste parfois à de véritables petites guerres qui se terminent immanquablement par la capitulation d'un ou plusieurs *bootleggers*.

Lors de mes voyages, je découvris que ce genre de choses – et bien d'autres – avaient cours non seulement chez nous, mais dans toutes les réserves. A vrai dire, ce ne fut pas une grande surprise.

Les Apaches, les Navajos et les Hopis sont, avec les Indiens des Plaines du Nord, ceux dont la tradition est restée la plus forte. Ce fut chez les Mescaleros, une des quatre tribus de la famille apache [2], que je me rendis d'abord pour rencontrer Windel Chino. Je passai quelque temps avec eux et fis la connaissance de plusieurs *medecine-men* et *medecine-women.* Les Mescaleros font partie des dix tribus les plus riches des États-Unis, et sont considérés parmi les plus civilisés. Malgré cela, ils sont très attachés à leurs traditions, et jusqu'à ce jour aucun Blanc n'a jamais été admis à participer à leurs cérémonies. Moi-même, alors que j'avais été invité à une de leurs fêtes par une famille *medecine*, je fus apostrophé par le service d'ordre. On me demanda de décliner mon identité et la raison de ma présence. De dos, la nuit, ils m'avaient pris pour un Blanc en raison de ma taille, supérieure à celle moyenne des Mescaleros. On peut comprendre leur attitude et la volonté farouche qu'ils déploient pour préserver leur *medecine* quand on sait qu'ils se trouvent dans une région de tourisme important susceptible de perturber leurs cultes.

La grande différence entre les tribus des Plaines du Nord (Sioux, Cheyennes, Mandans, Kiowas, Black-Foot, Crows, Assiniboines, etc.) et celles du Sud ou du désert (Navajos, Hopis, Apaches, Utes, Pueblos) tient à leur conception respective des dieux. Chez nous, excepté les esprits des Ancêtres, nous ne reconnaissons qu'un Esprit unique à travers toute la création, l'Esprit de *Wakan Tanka*, et notre spiritualité repose sur la Pipe Sacrée et la Femme Bison

2. Les quatre branches de la famille apache : les Mescaleros, les Lipans, les Chiricahuas, les Hikoris (ou Jicarillas). Les Apaches furent parmi les derniers Indiens à se soumettre, puisqu'on admet généralement que la guerre commencée en 1860 avec Cochise ne s'est achevée qu'après la reddition des bandes de Geronimo et Naiche, en 1886.

Blanc qui l'a apportée. Les tribus du désert, quant à elles, vénèrent plusieurs dieux qu'elles appellent des *Kachinas*. Les *kachinas* sont connus du grand public car le mot désigne également les petites statuettes en bois sculpté des Hopis et des Navajos. Celles-ci ont la particularité d'être taillées dans une seule pièce de bois de cotonnier. On utilise de préférence la racine de cet arbre, qui est beaucoup plus facile à travailler et permet davantage de précision. Par extension, le terme *kachinas* qualifie aussi les danseurs qui, comme les statuettes, représentent les dieux. Chaque *kachina* incarne un Esprit différent. Selon les tribus et les rites que l'on célèbre, on peut faire intervenir différentes sortes d'Esprits, celui de la Montagne, du Maïs, etc [3]. Mais au-dessus des autres, il y a toujours quatre *kachinas* primordiaux, présents dans toute cérémonie, qui sont un peu l'équivalent de *Wakan Tanka* pour nous : ce sont l'Esprit de la Terre, l'Esprit de l'Eau (ou de la Pluie), l'Esprit de l'Éclair, l'Esprit des Animaux et de la Végétation. Ces quatre danseurs – ou groupes de danseurs – figurant les Esprits primordiaux sont toujours accompagnés d'un cinquième, un jeune garçon reconnu comme étant le clown, c'est-à-dire l'être humain.

Les Apaches mescaleros se sont le plus possible tenus à l'écart de la civilisation et c'est pour cela qu'ils sont restés forts. Originaires du sud de l'Oklahoma, ils ont suivi, au fur et à mesure de l'avancée des Blancs, une longue route qu'ils appellent le Sentier des Milliers de Larmes, pour émigrer d'abord au

3. Il existerait plus de deux cents Esprits vivant au-dessous de la surface des eaux.

Texas, puis au Nouveau-Mexique où ils sont maintenant établis. La vallée qu'ils occupent, la terre qui forme aujourd'hui leur réserve, fut découverte à travers une vision. Selon la légende, un des leurs s'était perdu un jour dans le désert. Pour survivre, il mangea un cactus que les Mescaleros appellent *ho* mais qui est plus connu sous le nom de *peyotl*. Il eut une vision dans laquelle lui apparut l'oiseau-peyotl, ou l'oiseau d'eau, qui lui permit de survivre et le reconduisit d'étape en étape jusqu'à sa tribu. Ce fut ensuite grâce à la même vision, et guidés par le même oiseau, que les Mescaleros purent traverser le désert pour aboutir là où ils vivent aujourd'hui. Face au désert, c'est un canyon verdoyant aux pieds d'une haute montagne appelée Sierra Blanca. Pour la tribu, cet endroit, qui constitue l'extrême pointe des Montagnes Rocheuses, est un lieu sacré où ils se retirent pour célébrer leurs rites. Il se trouve aussi que leur richesse actuelle provient de cette chaîne de montagnes qui abrite une station de ski assez réputée, sur le territoire même de la réserve.

Les Hopis et les Navajos, chez qui je me rendis après les Mescaleros, vivent plus à l'ouest, sur un immense territoire désertique occupant tout le nord-est de l'Arizona, au-dessus de la ville de Winslow. La réserve hopie est une petite enclave à l'intérieur du pays navajo. Si ces derniers sont très nombreux – ils forment la tribu la plus importante des États-Unis [4] –, les Hopis pour leur part ne sont que quelques centaines. Il s'agit d'un peuple très particulier qui vit sur les hauteurs de *mesas*, vastes plateaux s'avançant en

4. Les Navajos seraient aujourd'hui environ quatre-vingt-dix mille.

surplomb du désert environnant. Quatre villages en particulier s'échelonnent en ligne droite, dont Oraibi, le plus ancien village habité des États-Unis [5].

Avant d'être repoussés au centre par les Navajos, les Hopis occupaient autrefois toute cette partie du désert de l'Arizona. Les rapports entre les deux tribus ne sont plus aussi inamicaux qu'autrefois, mais les Hopis sont restés très fermés sur eux-mêmes, gardant ainsi pures et intactes leurs traditions et leur manière de vivre. Lorsqu'ils parlent de sortir de leur réserve, ils disent « aller dans l'autre monde ». C'est un des rares peuples à avoir vécu toujours au même endroit, à ne pas avoir été déplacé. Ils sont réputés pour leur artisanat, leurs fameuses statuettes *kachinas*, et pratiquent des rites singuliers comme la Danse du Serpent (avec des serpents vivants), et d'autres cérémonies dans lesquelles se dessine la venue d'un Age d'Or. Les Hopis sont regardés par les autres Indiens comme très religieux et très puissants, en raison surtout de leurs prophéties dont bon nombre se sont déjà réalisées.

A côté d'eux, les Navajos sont beaucoup plus « civilisés » et ouverts au monde extérieur. Il ont toujours été des artistes, très manuels et très adroits pour tout ce qui concerne la poterie, l'usage des couleurs et la création des formes, le tressage de paniers, le tissage, la peinture sur sable et les bijoux. Eux aussi sculptent des *kachinas*, mais d'un style différent, plus moderne que celui des Hopis. Leurs bijoux sont en argent ciselé et incrusté de corail ou de turquoises,

---

5. Bien que de nos jours ces *mesas* soient toujours habitées, des villages plus récents se sont crées à leurs pieds.

les pierres sacrées du désert. Ces pierres sont le gage qu'il y a très longtemps toute cette région se trouvait sous les mers, et le fait qu'on en découvre toujours prouve qu'elles sont investies d'un pouvoir spécial. Elles sont toutes deux des pierres de protection, mais tandis que la turquoise délimite un cercle de défense autour de vous, le corail constitue une aide intérieure : si vous souffrez d'une maladie quelconque, cela relève du corail ; si en revanche un danger extérieur vous menace, la pierre de turquoise, en se brisant, donnera sa vie pour protéger la vôtre. Voilà pourquoi nous portons toujours sur nous une pierre de chaque espèce.

Les Navajos aussi sont des consommateurs de peyotl, et ce depuis très longtemps. Le culte du peyotl fait partie de leur tradition. Introduit par les Mescaleros, il s'est en effet répandu très tôt aux autres tribus du désert, et ce n'est que plus tard qu'il atteignit les tribus des Plaines, au nord. Aujourd'hui, les Mescaleros utilisent essentiellement la mescaline pour leurs rites sacrés, alors que les Navajos mâchent encore les boutons de peyotl à l'état brut.

C'est toujours à l'occasion de cérémonies que l'on consomme le peyotl. Celles-ci peuvent durer toute la nuit, entrecoupées de plusieurs pauses. On absorbe le cactus comme une *medecine*, pour obtenir des protections, pour porter ses prières, pour voir le futur. On peut penser que ce que l'on voit n'est qu'illusion, mais ce ne sont pas des illusions. Ce qui se passe, c'est que l'on est projeté dans un autre niveau de vibrations permettant d'entrer en contact avec le monde spirituel. Mais il faut y parvenir, et pour cela mâcher du peyotl plusieurs fois au cours de la nuit. Quand on vous le présente, cela ressemble à des petits morceaux de champignon. Vous en prenez une pleine cuillère que vous conservez dans votre bouche. Vous sucez et mâchez le peyotl de façon à n'avaler que le jus, qui est très très amer. Au bout d'un moment, vous vous engourdissez doucement. A plusieurs reprises, on vous donne à boire une infusion qui, elle aussi, est faite de bouts de peyotl jetés dans l'eau bouillante. Au cours de la nuit, vous avez souvent froid car votre résistance est amoindrie, mais psychologiquement, soutenu par les prières et la présence des autres à vos côtés, vous sortez presque de votre corps.

Après ma visite chez les Hopis et les Navajos, je descendis au sud chez les Pueblos, où je vécus quelques jours avec des *medecine-men.* Ceux-ci m'envoyèrent ensuite chez les Apaches hikoris, dont le chef de tribu était le trésorier du National Chairman Association. Bien qu'appartenant à une branche différente des Apaches, les Hikoris sont très proches des Mescaleros par leurs rites et leur spiritualité. Ils vivent près de Four Corner [6] et de Mesa Verde, en bordure de la réserve des Utes. Chez eux, j'assistai à une cérémonie d'initiation des adolescents, ou rite de Puberté. A la différence des Mescaleros et des Navajos, ils n'utilisent ni mescaline ni peyotl (ce cactus ne poussant pas dans leur région), mais une certaine herbe qu'ils cueillent au début du printemps et font fermenter jusqu'à l'été, époque où sont célébrés les

6. Four Corner, le seul point aux États-Unis où se touchent quatre États : l'Arizona, le Nouveau-Mexique, l'Utah et le Colorado.

rites. Vivant par tradition autant de l'agriculture que de la chasse et de la cueillette, les Hikoris vénèrent un *kachina* particulièrement significatif, l'Esprit du Maïs. Ce *kachina* est présent dans presque toutes leurs cérémonies et leurs danses, notamment dans ce Rite de Puberté où il joue un rôle déterminant.

A partir de Denver, mon second voyage m'emmena d'abord sur la Côte Est. Je m'arrêtai en chemin chez les Chippawas dans le Minnesota, puis chez les Pottawattomis dans la haute péninsule du Michigan. Enfin, je parvins chez les Wompenogues, à l'extrême Est. De là, je redescendis par le Tennessee et l'Oklahoma où je visitai des réserves cherokee et choctow, pour arriver au Texas chez les Kickapoos, qui venaient de créer leur réserve. Auparavant, ceux-ci étaient éparpillés un peu partout – surtout en Oklahoma – dans différentes tribus. Mais après de longs efforts et grâce à l'aide de plusieurs personnes, ils parvinrent à acheter une terre et se rassemblèrent en tribu autonome. J'arrivai juste au moment où ils fêtaient cet événement.

Je repassai ensuite chez les Mescaleros avant de faire route vers San Diego, Californie.

Durant ce voyage et ceux que je devais effectuer plus tard, après une halte dans le Sud Dakota, je fus sous la protection d'hommes et de femmes *medecine* qui, chaque fois, m'aidèrent à aller de l'avant. N'ayant pas d'argent, je voyageai en stop et fus partout accueilli avec beaucoup de bienveillance. Parmi les nombreux gens de tradition que je rencontrai une fois sorti des Plaines du Centre, certains, qui n'avaient jamais vu de Sioux, firent tout ce qu'ils purent pour me loger, me nourrir, m'encourager. Plusieurs me donnèrent même un peu d'argent pour que je puisse atteindre la réserve suivante. Ainsi, à aucun moment je ne me sentis seul, ni ne m'inquiétai de savoir où j'allais arriver, dormir et manger, même si je fus parfois contraint de passer la nuit dehors ou de marcher une journée entière avant qu'une voiture ne s'arrête. J'avais des protections très fortes, car au moment de les quitter, plusieurs hommes et femmes *medecine* m'avaient offert des plumes, bénies à mon intention, et auxquelles était attachée une *medecine* destinée à me donner du courage pour la suite de mon voyage et à éloigner les mauvaises influences. C'était en soi une aide très spirituelle, mais je sentais tellement de force et d'espoir dans ces plumes que je savais qu'il ne m'arriverait rien.

Ce voyage est loin maintenant, mais je voudrais exprimer ici l'immense respect et la gratitude que j'éprouve à l'égard de toutes ces personnes.

Après San Diego, j'allai voir les Yumas au sud de la Californie, puis remontai jusque dans l'État de Washington chez les Yakimas, avant de revenir lentement dans le Sud Dakota, après une halte chez les Nez-Percés dans l'Idaho, chez les Pieds-Noirs dans le Montana et chez les Mandans du Nord Dakota. Ainsi se termina mon second voyage, le plus long. Les deux autres que j'entrepris quelque temps après me conduisirent dans les tribus des Plaines Centrales, de l'Arizona et des Rocheuses.

Après avoir vu tant de réserves, tant de tribus différentes, j'en ai conclu que l'idée d'une quelconque

LES PRINCIPALES RÉSERVES INDIENNES AUX ÉTATS-UNIS

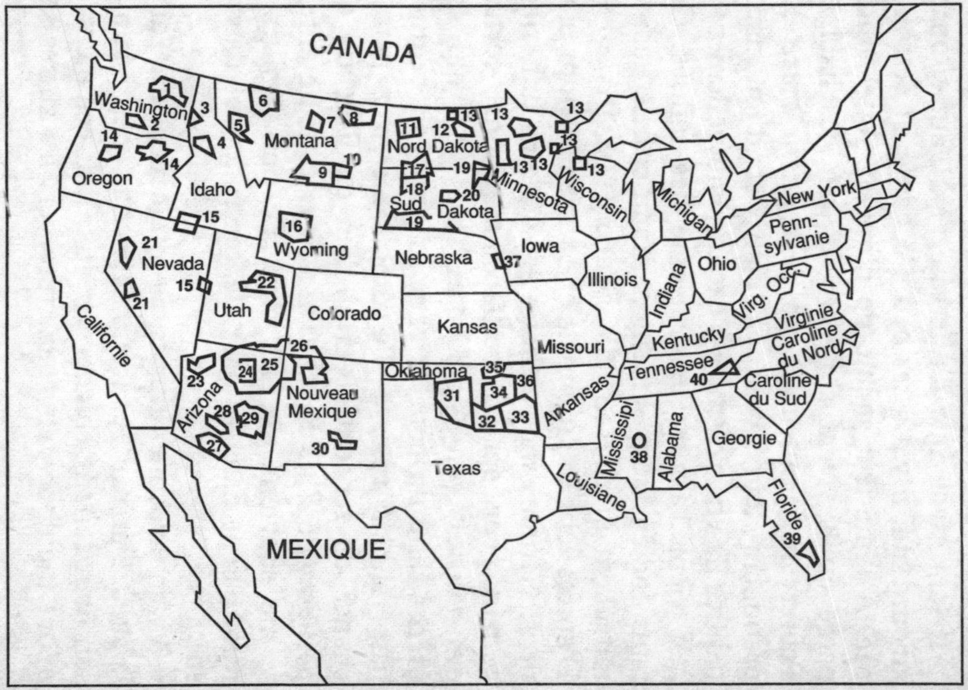

1. Colville
2. Yakima
3. Cœur d'alène
4. Nez-Percé
5. Salish et Kootenai
6. Pied-Noir
7. Assiniboine et Gros-Ventre
8. Assiniboine et Sioux
9. Crow
10. Cheyenne
11. Ankara, Mandan et Gros-Ventre
12. Sioux
13. Chippawa
14. Umatilla, Walla-walla, Wasco et Cayuse
15. Shoshone et Paiute
16. Arapahoe et Shoshone
17, 18, 19, 20. Sioux
21. Paiute
22. Ute
23. Hualapai
24. Hopi
25. Navajo et Pueblo
26. Apache Hikori et Ute
27. Papago
28. Pima et Maricopa
29. Apache Chiricahua
30. Apache Mescalero
31. Cheyenne, Apaho, Comanche, Kiowa, Caddo, Delaware
32, 33. Cherokee, Chic Kasaw, Choctow, Creek, Seminole
34. Iowa, Kickapoo, Otoe, Pownee, Ponca, Tonkawi, Shawnee, Potawatomi
35. Osage
36. Quapaw
37. Winnebago et Omaha
38. Choctow
39. Seminole
40. Cherokee

unité telle que je l'avais envisagée au départ était du domaine du rêve. En effet, imaginer que nous puissions tous un jour nous regrouper pour parler d'une seule voix impliquerait non seulement pour nous un long travail et un effort considérable, mais supposerait aussi un bouleversement total de la politique des États-Unis à notre encontre.

Il faut savoir que d'une réserve à l'autre, encore aujourd'hui, il y a assez peu d'échange et de solidarité. A l'intérieur même de n'importe quel village, parce qu'ils vivent à l'écart de tout, les habitants s'observent jalousement, se regroupent entre eux, pratiquent leurs rites en clan; et d'un clan à l'autre, ils en arrivent à s'exclure mutuellement. A cela vient s'ajouter le problème des Églises. Certains Indiens sont seulement traditionnels, mais se rattachent à telle ou telle lignée de *medecine-man*. D'autres sont traditionnels et en même temps chrétiens. Certains sont catholiques, certains luthériens, certains épiscopaux, certains mormons, certains évangélistes, etc. Alors rares sont ceux qui sont prêts à faire un bout de chemin pour voir ce qui se passe sur la réserve d'à-côté. Vous avez peu de chance de rencontrer un Indien de Rosebud aux *pow-wow* de Pine Rige, et vice versa. Même enfant, je me souviens que les clans de nos familles se reformaient dans la cour de récréation et dans la rue.

Vivant avec mes grands-parents, cependant, j'ai eu la chance de voir beaucoup de monde venir à la maison pour se faire soigner par eux. Indirectement, ils m'ont inculqué cette ouverture vers les autres sans laquelle on ne peut survivre, de même qu'ils m'ont appris à reconnaître et à respecter la diversité des hommes et des couleurs; les Blancs, les Noirs, les Jaunes sont autant de tribus qui défendent chacune leurs propres lois et mentalités. Malgré mes toutes premières expériences avec les Pères catholiques de Saint-Francis – qui m'avaient donné de bonnes raisons de me méfier des Blancs – j'appris en grandissant à contrôler cette méfiance, et j'ai maintenant des amis blancs, noirs, et jaunes, aussi bien qu'indiens. C'est en grande partie grâce à ma famille que je dois de n'avoir jamais vraiment admis cette sorte d'exclusivité.

Lorsque j'étais plus jeune, j'avais un ami qui s'appelait Pete Small Bear; il était noir et descendait des *Buffalo Soldiers*. Ce terme de *Buffalo Soldier* remonte à une époque d'avant la guerre civile, quand les Noirs se voyaient offrir la possibilité de conquérir leur liberté contre un engagement dans l'armée et l'envoi dans l'Ouest pour combattre les Indiens. Ils se battaient sous les couleurs américaines et portaient l'uniforme bleu de la cavalerie. Eux, les anciens esclaves, achetaient leur droit de citoyenneté dans ce nouveau pays en asservissant et en tuant les Peaux-Rouges, ces sauvages. Quant au nom de *Buffalo Soldiers*, il leur fut donné par les premiers Indiens qui eurent à les combattre, en raison de leurs cheveux qui étaient aussi crépus et drus que la toison des bisons; et les bisons reluisent de cette même couleur de cuir noir que ces soldats apparus brusquement. Jusque-là, aucun homme rouge n'avait soupçonné l'existence d'une telle couleur de peau. L'histoire que l'on raconte est que lorsque le premier soldat noir fut abattu par une bande d'Indiens, ceux-ci s'approchèrent pour prendre son scalp. En lui retirant sa casquette, ils furent tout étonnés de voir autant de nœuds dans ses cheveux. Ceci, de même que la barbiche qui noircissait l'extrémité de son menton, leur suggéra immédiatement qu'ils avaient à faire à un bison transformé en bipède. Par la suite, tous les soldats noirs devinrent des *Buffalo Soldiers*.

Mon ami Pete était donc un de leurs descendants. A l'origine, un certain nombre d'entre eux, réalisant pour quoi ils se battaient vraiment, désertèrent les rangs de l'armée américaine et s'intégrèrent aux Indiens. Depuis, vivent sur les réserves des hommes et des femmes que l'on pourrait prendre pour des Noirs. Leur sang africain est si fort que, bien qu'ils soient souvent métissés en proportion égale, ils ont gardé la coloration de la peau et les cheveux crépus, avec, si l'on regarde bien, des traits indiens, les pommettes hautes et les yeux renfoncés. Pete parlait très bien lakota; il avait été élevé de la même manière que moi, ayant appris le lakota avant l'américain. Quand il venait chez nous, il parlait en mélangeant les deux langues dans la même phrase, ce qui nous amusait beaucoup. En réalité, c'était un cousin lointain du côté Black Elk.

Aussi stupide que cela soit, les nombreux métis nés de Blancs, de Noirs, d'Indiens du Sud et d'autres tribus vivant sur les réserves contribuent à former des clans supplémentaires. Il existe également des métis descendants de Chinois qui, à la fin du siècle dernier et au début de ce siècle, sont venus construire la voie de chemin de fer à travers la Prairie. Ils portaient de longs cheveux auxquels, comme nous, ils prêtaient des vertus de force. Ces mélanges de sang avec des Chinois ont néanmoins surtout eu lieu avec des Indiens du Nord et de l'Est, mais pas à ma connaissance avec des Lakotas.

L'un des objectifs les plus importants à atteindre pour pouvoir sortir de l'enclave que constituent les réserves est d'abattre ces murs entre individus d'un même village, d'une même nation, et de communiquer non seulement avec les autres tribus, mais aussi avec le monde extérieur moderne.

Comme je l'ai cependant laissé entendre, le gouvernement américain n'est pas tout à fait étranger à cette situation et au fait que nous soyons aussi divisés. C'est même lui qui entretient et nourrit de façon très tactique cette division.

Le fossé existant aujourd'hui entre les tribus est essentiellement une différence de richesse et de niveau de vie et, par voie de conséquence, d'intégration plus ou moins rapide dans la société américaine. (Nous avons, entre nous, un terme pour désigner les Indiens bien américanisés, nous les appelons des « Apples » : rouges dehors et blanc dedans.) Ainsi, certaines des tribus les plus riches, sur les deux côtes, ont-elles choisi de s'engager dans un processus politique d'intégration, tandis que d'autres en sont encore à résoudre un problème de survie. J'appris à cette époque comment le gouvernement nous avait étiquetés : certaines réserves sont reconnues par le gouvernement fédéral – le territoire réservé bénéficie alors d'un statut spécial, ou statut fédéral, et les

Indiens qui y vivent reçoivent des aides fédérales. Par contre, d'autres tribus ne sont pas reconnues par le gouvernement fédéral, mais seulement par l'État, ce qui veut dire que, sur leur territoire, elles sont soumises aux lois de l'État et reçoivent une subvention de l'État. Enfin, certains Indiens ne sont reconnus ni par le gouvernement fédéral, ni par l'État, mais par des villes. On les appellent les « Terminated Indian Tribes », et cela fait mal à entendre. Ce sont de minuscules tribus de cinquante à cent personnes à qui une municipalité peut concéder une propriété à l'intérieur de sa juridiction. Personnellement, l'appellation « Tribu Disparue » destinée à en qualifier une m'a toujours paru paradoxale. Pourtant il existe un nombre de « Tribus Disparues » beaucoup plus important qu'on ne croit. Il y en a même beaucoup.

L'autre façon qu'a trouvé le gouvernement pour nous diviser a été de signer un traité particulier, ou de faire voter des Actes différents avec chaque tribu. A partir de cela, pour améliorer la vie sur sa réserve, chacune d'elles a dû se battre dans les limites de ce qui lui avait été ou non octroyé. Les Sioux ne bénéficient ni des mêmes droits, ni des mêmes aides financières que les Cheyennes, les Navajos ou les Assiniboines. Et cela va plus loin car, à l'intérieur d'une même nation, les accords gouvernementaux varient d'une réserve sur l'autre; les Sioux de Standing-Rock, Cheyenne River, Pine Ridge et Rosebud sont tous tenus par des accords différents avec le gouvernement américain. Même chose pour les Apaches et les Chippawas. Cette situation remonte loin dans le temps et provient du fait que les Indiens ont été installés dans les réserves à différentes époques, au fur et à mesure des guerres et de leur soumission aux Blancs. Parce que les réserves n'avaient pas les mêmes dimensions ni les mêmes richesses en pâturage et en gibier, on accordait des droits et des aides supplémentaires aux plus défavorisés. Mais aujourd'hui, les sources de richesse ont changé. Ce que cette politique a réussi, c'est à dresser les tribus les unes contre les autres en créant des jalousies et des tensions. Telle tribu a prouvé qu'elle était plus forte que les autres en ayant obtenu davantage du gouvernement... toujours la loi du guerrier. Et on assiste maintenant à une véritable surenchère visant à prouver que l'on est plus adroit pour négocier, plus à même d'entrer dans le système, dans les structures interministérielles et dans les modalités d'action de l'administration gouvernementale.

En pratique, chaque réserve constitue un cas particulier. Certaines touchent des royalties sur ce qui est extrait de leur sous-sol, d'autres non; certaines ont le droit d'exploiter leurs sites touristiques, d'autres, à qui ces sites ont échappé pour devenir des Parcs nationaux, ne touchent rien de leur exploitation. Récemment, les Sioux yanktons des réserves de Crow Creek et Lower Brûlé ont vu une partie de leurs terres inondées à cause d'un barrage construit sur le Missouri. L'initiative a été prise par l'État du Sud Dakota qui, en dédommagement, leur ristourne une somme payée par la Compagnie d'exploitation du barrage électriquc. Les deux réserves ont obtenu cela contre la perte d'une partie de leur territoire garanti par Washington...

Ce sont des affaires comme celles-là qui sont négociées. Mais certains Indiens n'ont aucune indemnité de ce type. C'est le cas des deux réserves d'où je viens, Pine Ridge et Rosebud, qui sont parmi les plus pauvres d'Amérique avec peut-être celle des Hopis. En contrepartie, elles sont certainement les tribus les plus traditionnelles et les plus fortes parce que, partant de rien, elles sont sans cesse obligées de se battre pour renverser la situation. Aussi petite que soit la chance, il est possible de la tourner à son avantage – c'est ce que j'ai constaté en voyant vivre les Indiens mieux intégrés des côtes Est et Ouest. Certains cherchent désespérément leurs racines et viennent jusque dans les Plaines pour se replonger dans leur culture et réapprendre la signification des symboles et des rites. Cela ne veut pas dire qu'ils n'ont plus de cérémonies, mais plutôt qu'ils ne savent plus à quoi elles correspondent, ce qui indique une grande déspiritualisation. Ils viennent par exemple chez nous pour des Danses du Soleil, bien que nous ne soyons plus les seuls à les pratiquer puisqu'elles sont célébrées jusque chez les Navajos. Mais tant qu'il y aura des Danses du Soleil, nous accueillerons les Indiens qui en ont besoin, afin qu'ils sachent que c'est une porte qu'on leur ouvre pour leur permettre de se retrouver eux-mêmes. Tant qu'il y aura des Danses du Soleil... et il y aura toujours des Danses du Soleil.

Chapitre 14

Hamblechia

Lorsqu'on part faire sa Quête de Vision, sa première *Hamblechia,* il est nécessaire que l'on sache pour quoi on va prier. Si on ne s'abandonne pas totalement, si on n'est pas prêt à descendre au fond de soi-même, il peut nc rien se passer, ou plutôt il est possible que l'on ne perçoive pas ce qui est manifeste autour de soi. Si en revanche on est sincère, si on désire vraiment se trouver, on entrera en contact avec les esprits et le monde spirituel de la manière la plus naturelle : en laissant la vision venir à soi et nous traverser. C'est pourquoi autrefois on installait sur la montagne des enfants encore jeunes. En vieillissant, on apprend à jouer avec ses émotions car on sait mieux comment les contrôler. Un enfant, lui, ne sait pas encore. Les images et les forces le prennent alors dans son innocence, sa vérité initiale, lui parlent et l'investissent sans aucune résistance de sa part. Implorcr une vision avec la pureté de l'enfance... c'est aussi se conformer à une légende perpétuée de génération en génération et qui nous aide à nous préparer en vue de cette expérience.

La Quête de Vision est une recherche spirituelle qui se pratique chez les Indiens depuis toujours, depuis la nuit des temps. En tant que révélateur de notre dimension humaine, elle constitue en soi une part importante de notre tradition, un cap à franchir.

Quand après s'être purifié dans une *Sweat-Lodge*, on se retrouve seul là-haut, c'est pour se donner aussi bien physiquement – en renonçant à boire, à manger, à fumer – que spirituellement en priant et en appelant les esprits, émotionnellement et mentalement en rompant tout contact avec le monde et en oubliant son corps et ses besoins. Au fil des heures, des journées et des nuits passées dans la solitude, on est véritablement transporté ailleurs. C'est un phénomène qu'il faut accepter si l'on veut parvenir à la conscience spirituelle, à la révélation de son esprit, ce quelque chose qui crée en nous une cohésion, qui nous maintient ensemble; parce que ce n'est pas seulement notre cœur qui bat qui fait de nous ce que nous sommes, ni notre mental qui pense, ni nos émotions qui fluctuent, même si pourtant tous travaillent ensemble. Ce qui les relie, c'est l'esprit. Et quand il nous quitte, alors le cœur s'arrête, et avec lui les pensées et les sentiments.

La Quête de Vision reproduit les conditions d'une mort symbolique; nous mettons en veilleuse notre physique, notre mental et nos émotions pour nous ouvrir à une autre forme de vérité, notre vérité. Et là, nous comprenons beaucoup de choses. Je dirais que c'est une connaissance suprasensible tellement naturelle qu'elle échappe à toutes les complications du langage. J'éprouve le même malaise à essayer de la définir que quand je parle de la prière qui vient du cœur. Nous prions pour que le pouvoir vienne en nous, et c'est comme s'il se manifestait à l'image de notre volonté et de notre sincérité, se révélant dans les limites de ce que nous pouvons comprendre. Nous recevons ce que nous demandons, un signe qui n'est pas une réponse mais une incitation à aller plus loin, une clé vers d'autres clés. Et ce que l'on réalise alors, tout seul sur notre bout de rocher, en pleine nature, c'est que notre conscience peut s'élargir, que nos perceptions peuvent s'affiner bien au-delà de tout ce que le monde moderne pourra jamais nous apporter. Nous sommes à l'écart de tout et pourtant nous *voyons* loin, nous savons qui nous sommes, quel est l'objet de notre vie et combien nous sommes seuls sur cette terre, quel que soit le nombre de frères, sœurs ou grands-parents qui nous entourent. Cette existence est la nôtre et elle prend un sens quand nous ouvrons les yeux sur ce qui nous entoure et apprenons à en lire les signes.

On peut décider d'aller implorer une vision n'importe quand dans sa vie, et autant de fois qu'on le juge nécessaire. Mais ce qui se passe le plus souvent, c'est que la nature de nos quêtes, leur nombre et leur durée nous sont révélés lors de la première imploration ou durant sa préparation. Pour chaque individu le cas est différent. Il est cependant très rare qu'une Quête de Vision dure plus que quatre jours et quatre nuits.

Ma première imploration a duré une journée et une nuit, ma seconde deux jours et deux nuits; la troisième durera trois jours et trois nuits et la quatrième quatre jours et quatre nuits. Je sais que c'est ainsi que je dois les accomplir. Il est possible que certains ne fassent qu'une seule Quête de Vision dans leur vie, ou encore une même série de quatre mais en sens inverse, soit la première fois quatre jours et quatre nuits, la seconde trois jours et trois nuits, etc. Et ces quatre visions peuvent se répartir sur quatre ans, ou bien sur une période plus courte, ou plus longue. La seule chose qui compte vraiment, je le répète, c'est d'être prêt à accueillir les esprits et à comprendre ce qui est exprimé à travers les signes qui se manifestent.

Il n'y a pas de « grande vision » ou de « petite vision », il y a un message pour nous et nous seul, correspondant à une étape spirituelle. Libre à nous de la franchir pour être en mesure d'aller plus loin et de nous rapprocher toujours un peu plus de ce que nous sommes appelés à faire.

Personnellement, chacune de mes deux Quêtes de Vision m'a fait faire un pas de plus sur le chemin, et j'attends les suivantes qui donneront un sens à ma vie. D'abord, je suis parti en éclaireur, j'ai voyagé. Aujourd'hui, je suis loin de ma terre, j'ai vu un autre monde, appris d'autres choses. Les gens de mon peuple sont très attachés à la cellule familiale; mon défi – qui n'est que le mien – a été de me prouver que j'étais capable de traverser les mers, de quitter la réserve pour faire ma vie ailleurs, à l'écart. Les temps ont changé, et pourtant il me semble qu'à ma manière je porte en moi l'empreinte du guerrier majestueux qu'incarnait le premier Good Fox auprès de sa tribu; quand je suis arrivé en Europe et qu'il a fallu que je m'adapte à cette autre nature, cette autre culture, j'ai réalisé que j'avais devant moi un étrange destin qui se dessinait au fur et à mesure que j'avançais.

La légende que l'on raconte sur l'origine de la Quête de Vision, et qui met en scène un jeune enfant, est une aventure que chacun doit vivre au cours de sa retraite. En jouant, un tout petit garçon s'était éloigné du tipi de ses parents et avait fini par s'endormir quelque part dans la campagne. Quand il se réveilla, il essaya de retrouver les siens, mais en vain : la tribu avait levé le camp. Pendant toute la journée, il erra désespérément, pleurant et hurlant. Il pleura et hurla jusqu'à ce que, de nouveau, le sommeil vienne le prendre. Le lendemain matin, il se remit à pleurer parce qu'il avait faim. Il était tellement démuni et vulnérable, tellement ouvert aux énergies de la terre et aux forces naturelles qu'un buisson lui parla : « Mange-moi, lui dit-il, je te nourrirai. Je suis un cerisier sauvage. » Le petit garçon se suspendit à l'une de ses branches et en cueillit les fruits. Après qu'il en eut mangé, il ne savait toujours pas où aller. Mais il pensa que l'Est était une bonne direction et il se mit en route. Le jour suivant, comme il n'avait croisé personne sur son chemin, il se remit à sangloter de plus belle. Alors il entendit une voix lui murmurer : « Mange-moi, je te nourrirai. Je suis un prunier. » Il mangea, et continua vers l'Est. Mais le troisième jour, il était toujours perdu et la faim le tenaillait. A ses côtés, un buisson lui parla ainsi : « Mange-moi, je te nourrirai et te fortifierai. Je suis un groseiller. » Le petit garçon obéit et reprit son chemin. Le quatrième jour il était très faible; autour de lui, tout semblait pareil et il n'avait plus la force de pleurer. Alors qu'il marchait lentement, il entendit : « Mange-moi, mes airelles te nourriront. Elles t'aideront à retrouver les tiens. » Il cueillit tout ce qu'il put, mais quand il eut fini, il s'aperçut qu'il avait encore faim. Il scruta l'horizon pour voir s'il y avait d'autres buissons d'airelles autour de lui. Sa quête l'amena en haut de la colline. Là, il reconnut une femme de sa tribu occupée elle aussi à ramasser des fruits. Quand elle le vit, elle le prit dans ses bras et le ramena aussitôt au camp, installé en contrebas dans la vallée.

Si, comme cet enfant, nous traversons l'épreuve de la Quête de Vision avec assez de courage et de simplicité, nous pouvons entendre dans notre silence la voix des forces de la création. Elles viennent nous guider, nous aussi, pour nous remettre sur le chemin de la vie vraie, indissociable de celle de notre peuple. C'est l'interprétation que nos *medecine-men* ont fait de cette histoire en mémoire de laquelle, parmi les Indiens, tant d'hommes et de femmes de tous âges ont donné et donnent encore quelques jours de leur vie.

Les quatre buissons sont toujours présents. Lorsqu'on a trouvé l'endroit qui convient pour son imploration, on dispose en cercle autour de soi quatre bâtons de ses différentes essences. C'est le signe que l'on se tient au centre et que l'on peut commencer à prier. On se replie sur soi-même, nourri et fortifié par les quatre buissons de la légende.

En pratique, on peut, quand on prépare sa Quête de Vision, remplacer ces bâtons par quatre tiges de saule blanc auxquelles on accroche des fanions de couleur. On place les quatre tiges aux quatre points cardinaux. A l'Est correspondent les couleurs bleu et jaune, le bleu pour le ciel et le jaune pour la lumière rappelant l'aube d'un nouveau jour qui monte; au Sud on place le blanc, symbole du monde des esprits; à l'Ouest, le vert et le noir pour la Terre-Mère et les Êtres-Tonnerre, puissances positives et négatives. Le noir de l'Ouest annonce aussi la purification; enfin on plante le fanion rouge au Nord d'où viennent les bisons qui entreprennent leur migration. Ils sont le sang, l'essence de notre peuple.

Ainsi, entourés de ces quatre bâtons, nous reconnaissons chacune des forces de l'univers issues des points cardinaux, et nous créons la liaison entre elles, entre l'Est d'où vient le jour, l'Ouest d'où vient la nuit, le Sud d'où vient la chaleur et le Nord d'où vient le vent froid et la neige. De plus, notre position assise, jambes croisées, nous garde en contact étroit avec la terre. Notre colonne vertébrale est le tuyau de la Pipe qui relie notre condition terrestre au ciel, à l'air et à tous les éléments. Nous servons alors de canal à ces forces naturelles que nous incorporons et transformons. Au sens spirituel, cette position montre que nous comprenons l'échange créateur entre le ciel et la terre, et que nous le vivons. Ainsi nous sommes reliés à la fois, horizontalement, avec les points cardinaux et, verticalement selon l'axe terre-ciel, avec tous les éléments de la nature.

Je fis ma première Quête de Vision à vingt-six ans dans les Black Hills, sur une colline appelée Bear Butte, où mes grands-pères étaient déjà venus avant moi pour recevoir le don de la *medecine.* Cet endroit est un lieu sacré pour nous.

Lorsque je fus prêt, je demandai à un *medecine-man,* Sam Moves Camp, de me conduire là-haut. C'était un parent éloigné du côté Lame Deer et surtout un très bon ami de la famille. Il était accompagné par deux assistants, un homme âgé et un plus jeune, venus l'aider à m'installer sur le lieu choisi. Nous arrivâmes à Bear Butte au milieu de l'après-midi et, quand ils se furent assurés que tout allait bien pour moi, tous trois redescendirent. Le cercle au centre duquel je me trouvais était délimité par quatre cent cinq petits sacs de tabac reliés les uns aux autres. Je restai assis et commençai à prier pour la vision. Durant la nuit, mon grand-père Lame Deer, accompagné d'ancêtres, m'apparut à six reprises et me révéla chaque fois quelque chose de différent concernant ce que je devais faire. Je réalisai cette nuit-là que l'esprit de Crazy Horse était vraiment avec lui. Plusieurs années auparavant, quelques mois avant de mourir, il avait dit à ma grand-mère (sa sœur) :

« Le premier de mes petits-fils qui ira implorer une vision apercevra l'esprit de ma propre vision, l'esprit que je porte en moi et qui m'a guidé, je veux parler de Crazy Horse, le guerrier d'entre tous les guerriers. »

Six fois de suite mon grand-père revint, portant sa coiffe de chef. Son image apparut sur une pierre, non loin de là où je me tenais. Il faisait presque jour lorsqu'il se montra pour la dernière fois. Juste avant de disparaître, il se tourna vers le Sud et me dit : « Rappelle-toi, je serai toujours là. » Le dessin de sa coiffe resta imprimé sur la pierre, mais d'autres visages se succédèrent, des visages de chefs et d'ancêtres. Et aujourd'hui encore, en retournant là-bas, je pourrais vous montrer la coiffe gravée à jamais dans le rocher.

La septième fois, je vis venir l'esprit. Il surgit de loin en provenance de l'Est, dans un rayon de lumière qui allait à une vitesse vertigineuse, zigzaguant autour de la butte. C'était comme si je pouvais le voir dans la réalité s'approcher, tournoyer, repartir très loin et revenir. Lorsque la lumière fut suffisamment proche, je distinguai un homme à cheval tenant sa pipe dans une main et son sac à pipe dans l'autre. Son visage était très imposant. Toute cette vision dans son ensemble avait la perfection du rêve. Le cheval se rapprocha encore en galopant d'une manière sacrée, sans toucher le sol. Et lorsque je pus les voir de plus près, je remarquai que les longs cheveux du cavalier se confondaient à la crinière de sa monture, qui touchait presque terre. Je les observai sans peur, plutôt curieux de savoir ce que c'était. Ils me regardèrent intensément pendant un long moment avant de tourner sur eux-mêmes et de repartir en direction de l'Est. A la pointe de l'horizon, la lumière s'effaça d'un trait, mais quelques secondes après, à l'endroit précis où je l'avais vu disparaître, elle se remit à croître. Le soleil se levait.

A plusieurs reprises au cours de la nuit, Sam Moves Camp était monté discrètement pour voir si tout se passait bien. Il arrive parfois qu'il y ait des accidents, que la vision soit si pure que l'on ait peur, ou que même on en meure. Il est possible de dissiper cette vision en démontant rapidement sa pipe, mais encore faut-il avoir la présence d'esprit de le faire... Et puis, après tout, que peut-on souhaiter de mieux que mourir en pleine nature, entouré par les esprits et toutes les forces ?

Vers midi, alors que le soleil était au plus haut, j'aperçus Sam Moves Camp suivi de ses deux aides. Je lui fis de grands signes, sans pour cela sortir du cercle sacré. Ce fut lui qui le rompit en écartant les sacs de tabac. Tandis que je lui racontais ce que j'avais vu, il bourra la pipe d'un peu de sauge, l'alluma et me la tendit. J'aspirai, la lui passai. A leur tour, les deux apprentis fumèrent. C'est la manière traditionnelle de signifier la fin d'un rite, en l'occurrence ma Quête de Vision. Nous nous repassâmes la pipe encore une fois, à tour de rôle. Ce qui était curieux, c'est qu'elle semblait ne pas vouloir s'éteindre, alors qu'il n'y avait dans son fourneau qu'une minuscule boule de sauge. Tout étonnés, nous la fîmes circuler plusieurs fois de suite. Sam Moves Camp ne cachait pas sa joie de voir ce moment se prolonger au-delà du normal et paraissait satisfait de ce que je lui avais raconté. Il me rappela ensuite qu'il me faudrait accomplir ma seconde imploration en deux jours, ma troisième en trois jours et ma quatrième en quatre jours.

L'année suivante – j'étais déjà en Europe – je fis

ma seconde Quête de Vision dans une forêt près de Zurich. Là encore, je n'étais pas seul car un de mes oncles m'accompagna à l'endroit choisi. Je restai donc deux jours et deux nuits sous une *Sweat-Lodge* – que mon oncle avait utilisée quelque temps auparavant avec plusieurs personnes – mais dans laquelle il n'y avait plus ni pierres ni chaleur. C'était le début de l'hiver et il faisait très froid. Je demeurai assis dans le noir à l'intérieur de la loge sans avoir aucune notion des jours et des nuits, en tenant ma pipe bien serrée dans ma main. J'avais l'impression d'être enterré vivant. Ce que je vécus là m'est trop personnel pour être partagé. Je le garde pour moi, comme je garderai mes deux prochaines visions.

Chapitre 15

Skan

Pour nous, Lakotas, il n'y avait au commencement des temps que le Soleil et la Nuit dans l'espace infini. Puis vinrent la Terre et sa sœur la Lune. Entre le Soleil et la Terre et la Nuit se trouvait *Skan*, le Mouvement, qui les animait et les enveloppait de son souffle. Mû par *Skan*, le Soleil envoya un de ses rayons jusqu'au centre de la Terre. C'est ainsi qu'il engendra la Terre-Mère, et que le Mouvement réalisa l'union des deux astres. De là est issue toute vie.

Cette légende lakota de la création est à l'origine de notre filiation aux éléments. Le soleil est le géniteur qui apporte la semence de vie, chaque jour renouvelée. Face à lui, la Terre-Mère met au monde, nourrit et protège cette vie, aidée de sa sœur la Lune qui, par sa rotation incessante, influence l'écoulement des eaux et fabrique les illusions. Le soleil, la terre et les eaux coexistent en sorte que l'enfantement ait lieu, que les graines puissent croître et que la vie peu à peu s'anime du mouvement, qui met en activité chaque être humain, les bipèdes, les quadrupèdes, les êtres ailés, les rampants et toutes les plantes de la création.

Le ciel n'a pas tellement d'importance pour nous, ou plus exactement, il a l'importance de ce qu'il contient : le soleil, la lune et les étoiles. A la notion de ciel, nous avons substitué celle de *Skan*, qui est invisible, insaisissable. C'est lui qui pousse l'air que nous respirons, lui qui déplace le vent et le propage dans les quatre directions. Lorsque l'enfant naît, il cherche d'instinct à saisir la vie en inspirant l'air qui est poussé vers lui. Curieusement, nous n'honorons jamais directement *Skan* dans nos prières, mais quand nous nous tournons vers les quatre directions cardinales, quand nous nous adressons aux quatre vents, à la Terre et au Soleil, nous reconnaissons en chacun d'eux une de ses expressions. L'Est est *Skan*, l'Ouest est *Skan*, le Sud est *Skan*, le Nord est *Skan*. Le mouvement est à ce point en toute chose que nous n'éprouvons même pas la nécessité de le mentionner.

La Bible rapporte qu'Adam et Ève furent les premiers êtres créés après la terre et les cieux. Mais qu'y avait-il avant eux ? Qui était là avant eux ? Pour nous, c'est un mystère incommensurable que nous désignons par *Tunkashila Wakan Tanka*, le Grand Mystère. Nous n'avons besoin ni de le chercher ni de le connaître, parce que c'est un mystère qui appartient au passé et que nous sommes présents, ici, dans cette vie. Ce qui importe, c'est ce qui nous entoure, ici, dans cette vie. Nous croyons donc que le mouvement s'est révélé en tant que partie du Grand Esprit pour contribuer à l'apparition de la vie. Maintenant et toujours, *Skan* est en chacun de nous; lorsque nous pensons être aussi immobile et immuable que le roc, notre cœur n'en bat pas moins pour autant, notre sang ne cesse pas moins de circuler. Nous sommes perpétuellement en mouvement, accordés au mouvement perpétuel de la vie. Le sang qui coule au bout de nos doigts se régénère à notre cœur pour repartir dans une autre direction, dans notre cerveau ou dans nos jambes. Sans cesse, à l'échelle de l'infiniment petit comme à l'échelle de l'homme et de la nature, nous parcourons des cycles dont *Skan* est le souffle.

La manière dont nous nous sentons liés aux éléments et dont nous comprenons notre place dans la nature est à l'origine de nombreux malentendus. On nous présente souvent comme un peuple très mystique, mais c'est faux; il s'agit encore d'une distorsion de la réalité qui est beaucoup plus simple que cela : nous sommes des gens très terre à terre. On ignore simplement ce que ce lien est capable de développer en nous, et c'est ce qui me fait dire que seul un esprit technique voit l'Indien comme un mystique. Cela provient aussi, peut-être, d'une mauvaise interprétation de certains pouvoirs dits surnaturels qu'on nous prête. Or il n'y a rien de plus naturel que ces pouvoirs. Ce sont les autres, les gens trop techniques, qui ont perdu leur sensibilité.

Quels que soient les bouleversements que nous avons connus au cours de notre histoire, on ne m'empêchera pas de penser que la roue *medecine* continue de tourner, et que nous sommes plus que jamais responsables de notre terre. Car nous éprouvons à son égard le même honneur, le même respect, et le même amour que ceux qui ont permis au peuple lakota de se perpétuer à travers le temps. Aujourd'hui, je sais que nous approchons de la fin d'un cycle et qu'il faut nous tourner vers l'extérieur, le monde moderne. Notre *medecine* ne doit pas seulement rester vivante, elle doit devenir plus forte. Elle est notre espoir et celui des générations à venir. Lorsqu'un temps est fini, un autre commence, il y aura toujours un nouveau jour, une nouvelle naissance.

Un matin, mon grand-père m'avait emmené dans la forêt. Nous marchions côte à côte, quand il me dit :

« Takoja, aujourd'hui, tu vas apprendre quelque chose. »

Puis, comme il le faisait souvent en oubliant que j'étais trop jeune pour tout comprendre, il se mit à me raconter comment la *medecine* était en train de changer, tout en s'étonnant qu'elle demeure aussi présente malgré une tradition et une manière de vivre qui partaient en fumée. Nous avancions toujours. Soudain, il me dit :

« Regarde devant toi. Va en avant sans tourner la tête de côté ! »

Je continuai à marcher quand j'entendis sa voix :

« Ne t'inquiète pas, je suis toujours là... Je serais toujours là pour toi, même si tu ne me vois plus, parce que l'esprit ne meurt pas. »

A cet instant, je réalisai que j'étais seul sur le chemin. Mon grand-père avait disparu.

Voilà ce que j'aimerai pouvoir dire à mes enfants :

« Ne vous inquiétez pas, même lorsque je ne serais plus là dans ce monde physique, je serai toujours avec vous et me manifesterai à travers des signes que vous reconnaîtrez. »

La voix de mon grand-père était partie dans le vent, et moi je continuais d'avancer tout droit, sans regarder sur les côtés.

Annexe I

Les guerres sioux

Les Lakotas, qui représentent 60 % de la population sioux, constituent le type même des Indiens des Plaines. Très longtemps en conflit avec les Blancs, redoutables guerriers, ils furent au centre de ce qui a été appelé les « guerres indiennes », dont les plus grands chefs étaient précisément lakotas : Red Cloud (Oglala, 1822-1909), Crazy Horse (Oglala, 1841-1877), Spotted Tail (Brûlé, 1823-1881), Sitting Bull (Hunkpapa, 1834-1890), Big Foot (Miniconju, 1825-1890), Pizi-Gall (Hunkpapa, 1840-1894), Man Afraid of his Horse (Oglala).

Les « guerres sioux » proprement dites se sont déroulées en trois étapes. A l'origine, en 1850, leurs terres s'étendaient d'est en ouest, du Minnesota à l'Idaho, et du nord au sud de la frontière canadienne au Nebraska. Au terme de ces guerres, elles étaient réduites à quelques réserves dans le Sud et le Nord Dakota (voir cartes chapitre 6).

La première guerre eut lieu de 1862 à 1868 et fut conduite par Red Cloud. Ce fut la seule guerre dans l'histoire américaine réellement gagnée par les Indiens. Elle réunissait les Sioux, les Cheyennes, les Crows et les Arapahoes, et eut pour cause l'ouverture de la piste Bozeman, empruntée par les pionniers et les Mormons, laquelle était jalonnée de forts militaires et traversait les territoires de chasse délimités lors du traité de Horse Creek en 1851. En 1868, la piste fut finalement remplacée, et les Indiens signèrent un nouveau traité à Fort Laramie (6 novembre). Celui-ci leur reconnut d'une part une « Grande Réserve » couvrant toute la partie du Sud Dakota à l'ouest de la rivière Missouri, et d'autre part la disposition d'un « Territoire Réservé » de chasse s'étendant sur le Montana, le Wyoming, le Nebraska, le Sud et Nord Dakota actuels.

La seconde guerre éclata à la suite de l'expédition Custer dans les Black Hills, les *Paha Sapa*, montagnes sacrées des Sioux, et de la découverte d'importants gisements d'or (Homestake, près de Rapid-city, est encore aujourd'hui la plus grosse mine d'or des États-Unis. Elle fournit environ 50 % de l'or extrait du pays). C'est au cours de cette guerre que Custer trouva la mort à Little Big Horn en 1876. Mais après cette brève victoire, les Indiens furent pourchassés et durent accepter de se soumettre, perdant le vaste « Territoire Réservé ». Ils furent obligés de venir s'établir dans les limites de la « Grande Réserve », diminuée des Black Hills qui furent annexés. Jusqu'en 1890, ils seront considérés comme prisonniers de guerre.

La dernière phase de l'annexion des terres sioux se produisit en 1889-1890. En 1889, lorsque le congrès créa l'Etat du Sud Dakota, il en profita pour s'approprier la majeure partie de la « Grande Réserve », et pour la morceler en six petites réserves. N'ayant plus de territoires de chasse, les Sioux en furent réduits à vivre, autour des Agences indiennes, des aumônes du gouvernement.

Après l'assassinat déguisé des grands chefs historiques, Sitting Bull, Crazy Horse, le mouvement de la Danse des Esprits fit craindre aux Blancs une résurrection de l'âme et de l'unité indiennes. Ce mouvement fut le prétexte du massacre de Wounded Knee et du chef Big Foot, qui essayait de survivre avec sa bande loin du monde des Blancs.

Annexe 2

L'Indien face à l'homme blanc

TASUNKA WITKO (Crazy Horse)

« Hommes blancs! On ne vous a pas demandé de venir ici. Le Grand Esprit nous a donné ce pays pour y vivre. Vous aviez le vôtre. Nous ne vous gênions nullement. Le Grand Esprit nous a donné une vaste terre pour y vivre, et des bisons, des daims, des antilopes et autres gibiers. Mais vous êtes venus et vous m'avez volé ma terre; vous tuez mon gibier; il devient alors dur pour nous de vivre. Maintenant vous nous dites que pour vivre il nous faut travailler; or le Grand Esprit ne nous a pas faits pour travailler, mais pour vivre de la chasse.

Vous autres, hommes blancs, vous pouvez travailler si vous le voulez. Nous ne vous gênons nullement; mais à nouveau vous nous dites : pourquoi ne devenez-vous pas civilisés? Nous ne voulons pas de votre civilisation! Nous voulons vivre comme le faisaient nos pères, et leurs pères avant eux. »

TATANKA YOTANKA (Sitting Bull)

« Quel traité le Blanc a-t-il respecté que l'homme rouge ait rompu? Aucun. Quel traité l'homme blanc a-t-il jamais passé avec nous et respecté après? Aucun. Quand j'étais enfant, les Sioux étaient maîtres du monde; le soleil se levait et se couchait sur leurs terres. Ils menaient dix mille hommes au combat. Où sont les guerriers aujourd'hui ? Qui les a exterminés ? Où sont nos terres ? Qui les pille ? Quel homme blanc peut dire que je lui ai volé sa terre ou un seul de ses sous ? Pourtant, ils disent que je suis un voleur. Quelle femme blanche, même isolée, ai-je capturé ou insultée ? Pourtant ils disent que je suis un mauvais Indien. Quel homme blanc m'a jamais vu saoul ? Qui est jamais venu à moi affamé et reparti le vendre vide ? Qui m'a jamais vu battre mes femmes et tromper mes enfants ? Quelle loi ai-je donc violée ? Ai-je tort d'aimer ma propre loi ? Est-ce mal de ma part d'avoir la peau rouge ? Parce que je suis un Sioux ; parce que je suis né là où mon père vivait ; parce que je mourrai pour mon peuple et mon pays ? »

MATO NAJIN (Standing Bear)

« L'homme blanc ne comprend pas les Indiens pour la raison qu'il ne comprend pas l'Amérique. Il est trop éloigné du cours de sa formation. Les racines de l'arbre de sa vie n'ont pas encore agrippé les pierres et le sol. L'homme blanc est encore troublé par des peurs primitives ; il a encore présents à l'esprit les périls de ce continent frontière ; quelques-unes de ses immensités n'ont pas encore cédé devant ses marches investigatrices et ses regards interrogateurs. Il frissonne encore au souvenir de ses ancêtres perdus dans ces déserts torrides, affrontant ces sommets interdits. L'homme venu d'Europe est encore un étranger. Et il hait encore cet homme qui interrogeait ses traces tout au long du continent. Chez les Indiens, l'esprit de la terre est tout entier investi : il en sera ainsi jusqu'à ce que d'autres hommes soient capables de deviner et de se soumettre à son rythme. Les hommes doivent naître et renaître pour en faire partie. Leurs corps doivent être formés avec la poussière des os de leurs ancêtres. » (Extrait de *Souvenirs d'un chef sioux*, Ours Debout, Payot.)

White Bird

ALEEK-CHEA-AHOOSH (Plenty Coups)

« Les hommes blancs annonçaient bien haut que leurs lois étaient faites pour tout le monde, mais il fut tout de suite clair que, tout en espérant nous les faire adopter, ils ne se gênaient pas pour les briser eux-mêmes. Ils nous disaient de ne pas boire de whisky, mais ils en fabriquaient et nous l'échangeaient contre des fourrures et des couvertures jusqu'à leur disparition presque totale. Leurs sages nous conseillaient d'adopter leur religion mais nous découvrîmes vite qu'il en existait un grand nombre. Nous ne pouvions les comprendre et deux hommes blancs étaient rarement d'accord sur celle qu'il fallait prendre. Cela nous gêna beaucoup jusqu'au jour où nous comprîmes que l'homme blanc ne prenait pas plus sa religion au sérieux que ses lois; il les gardait à portée de la main, comme des instruments, pour les employer à sa guise dans ses rapports avec les étrangers. Nous en usions autrement. Nous conservions les lois que nous avions faites et nous vivions notre religion. Nous n'avons jamais pu comprendre l'homme blanc; il ne trompe personne d'autre que lui-même. »

Annexe 3

Le cercle

HEHAKA SAPA (Elan Noir)

« Vous avez remarqué que toute chose faite par un Indien est dans un cercle, il en est ainsi parce que le pouvoir de l'Univers agit selon des cercles et que toute chose tend à être ronde. Dans l'ancien temps, lorsque nous étions un peuple fort et heureux, tout notre pouvoir nous venait du cercle sacré de la Nation, et tant qu'il ne fut pas brisé, notre peuple a prospéré. L'arbre florissant était le centre vivant du cercle et le cercle des quatre quartiers le nourrissait. L'Est donnait la paix et la lumière, le Sud donnait la chaleur, l'Ouest donnait la pluie et le Nord, par ses vents froids et puissants, donnait force et endurance. Cette connaissance nous vint de l'outre-monde avec notre religion. Tout ce que fait le pouvoir de l'Univers se fait dans un cercle. Le Ciel est rond et j'ai entendu dire que la terre est ronde comme une balle et que toutes les étoiles le sont aussi. Le vent, au sommet de sa fureur, tourbillonne. Les oiseaux font leur nid en cercle parce qu'ils ont la même religion que nous. Le soleil s'élève et redescend dans un cercle. La lune fait de même et tous deux sont ronds.

Même les saisons forment un grand cercle dans leurs changements et reviennent toujours où elles étaient. La vie de l'homme est dans un cercle de l'enfance jusqu'à l'enfance et ainsi en est-il pour chaque chose où le pouvoir se meut. Nos tipis étaient ronds comme les nids des oiseaux et toujours disposés en cercle, le cercle de la nation, le nid de nombreux nids où le Grand-Esprit nous destinait à couver nos enfants. » (Extrait de *Elan Noir parle*, John Neihardt, Ed. Le Mail.)

TAHCA USHTE (Lame Deer)

« Selon notre optique, le symbole indien est le cercle, la boucle. La nature veut la rondeur des choses. Les corps des humains et des animaux n'ont pas d'angles. En ce qui nous concerne, le cercle est le symbole des hommes et femmes rassemblés autour du feu de camp, parents et amis réunis en paix pendant que le calumet passe de main en main. Le camp dans lequel chaque tipi avait sa place forme aussi un cercle ; toutes les familles du village sont également des cercles dans ce cercle, lui-même partie de la plus grande boucle que forment les sept feux de camp des Sioux, représentant la Nation sioux. La Nation est seulement une partie de l'univers, en lui-même circulaire et fait de la terre, qui est ronde, du soleil, qui est rond, des étoiles qui sont rondes ; et la lune, l'horizon, l'arc-en-ciel sont aussi des cercles insérés dans des cercles insérés dans des cercles, sans commencement ni fin.

A nos yeux, cela est beau et tout à fait approprié, symbole et réalité en même temps, expression de l'harmonie et de la nature. Notre cercle se répand, sans fin, éternellement ; il est la vie émergeant de la mort – la vie qui apprivoise la mort. » (Extrait de *De Mémoire indienne*, Tahca Ushte, Richard Erdoes, Ed. Plon.)

Table des matières

Cet ouvrage a été réalisé sur
Système Cameron
par la SOCIÉTÉ NOUVELLE FIRMIN-DIDOT
Mesnil-sur-l'Estrée
pour le compte des Éditions Balland
le 16 octobre 1989

Imprimé en France
Dépôt légal : octobre 1989
N° d'impression : 13041

ISBN: 2-7158-0772-4
F2 6580